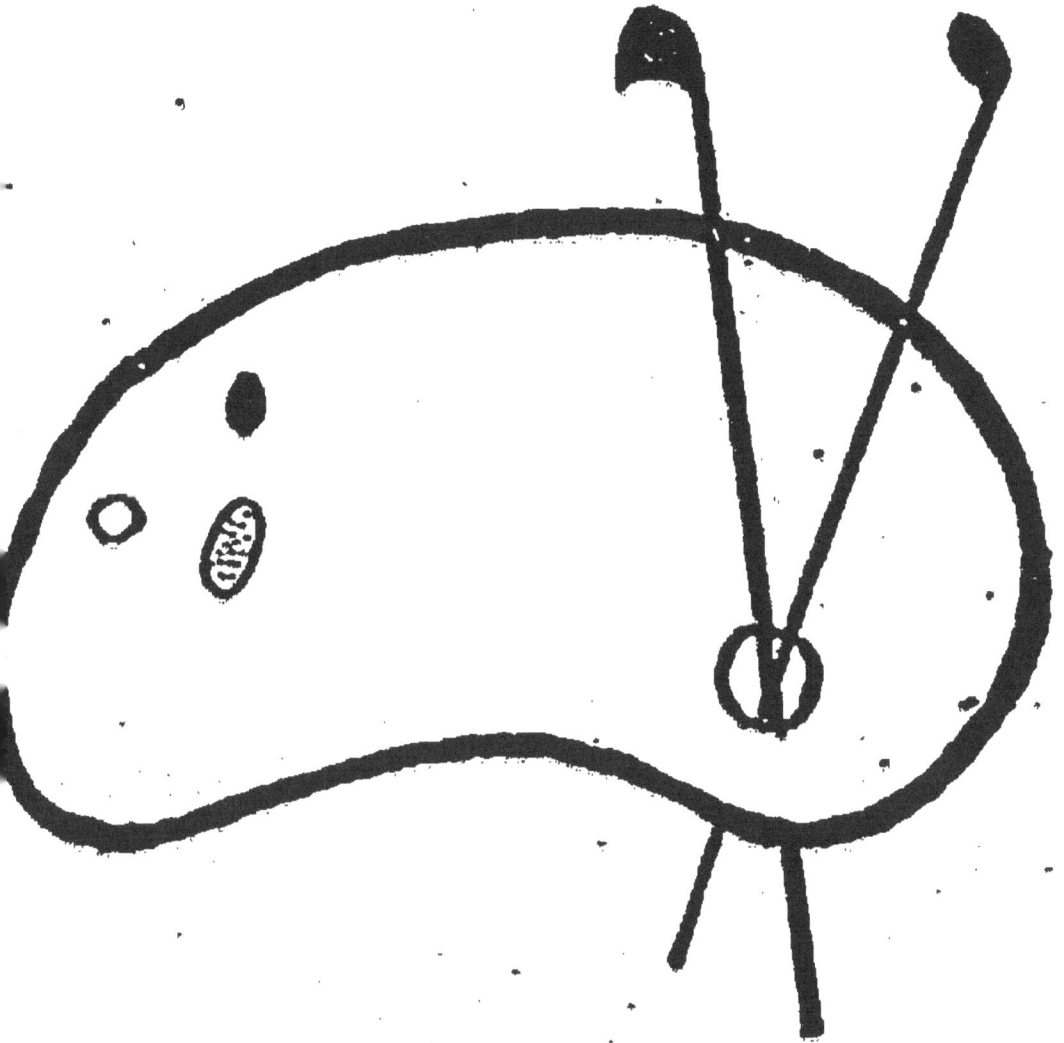

DEBUT D'UNE SERIE DE DOCUMENTS
EN COULEUR

LA DÉCLARATION

DES

DROITS DE L'HOMME

ET DU

CITOYEN

DE 1789

INTRODUCTION A L'ENSEIGNEMENT CIVIQUE

PAR

ALEXIS BERTRAND

CORRESPONDANT DE L'INSTITUT
PROFESSEUR A LA FACULTÉ DES LETTRES DE L'UNIVERSITÉ DE LYON

PARIS

LIBRAIRIE CH. DELAGRAVE

15, RUE SOUFFLOT, 15

Librairie **CH. DELAGRAVE**, 15, rue Soufflot, Paris.

DÉCLARATION

DES

DROITS DE L'HOMME ET DU CITOYEN

*Décrétés par l'Assemblée générale dans ses séances des
20, 21, 23, 24 et 26 août 1789 acceptés par le roi.*

Tableau mural pour servir à la décoration des salles d'école

Une feuille format raisin (50×65) papier fort.

L'exemplaire, pris à la librairie, 0 fr. 50. — Envoyé franco, 0 fr. 75
10 exemplaires, franco, 5 fr.

OUVRAGES SUR LA RÉVOLUTION FRANÇAISE

L'An 1789, par Hippolyte Gautier, grand in-4°, renfermant 650 gravures dont les tirées à part sur papier vélin en noir ou en couleur, reproduisant des estampes, tableaux ou vignettes de la fin du XVIII° siècle, 4 cartes de la France de 1789 et des plans de Paris.

Prix broché, avec couverture de luxe, parchemin gaufré, titre doré.......... 50 »

Avec reliure demi-chagrin, fers spéciaux, tranche dorée ou d'amateur, maroquin avec coins, tête dorée.................... 65 »

Histoire de la Révolution française, par Paul Janet, membre de l'Institut, ouvrage orné de gravures et portraits. In-12, br. 3 50

Histoire de la Révolution française, racontée à la jeunesse, par A. Roche. In-12, broché......................... » »

Petite histoire de la Révolution française, par F. Bolé. In-12, cart.. » 60

Scènes de la Révolution française, par H. Fassous. 1 vol. in-8° jésus, br.. 3 90
Relié percaline anglaise, fers spéciaux, tr. dor.......................... 4 50

Napoléon I°. Sa Vie et ses Œuvres, par Masson. 1 vol. in-8°, broché......... 3 90
Relié percaline anglaise, tr. dor.... 4 50

Récits de la Vieille France, (*François Béchamel*), par Al. Assollant, illustrations de Jous. 1 vol in-4°, broché........... 20 »
Relié................................. 25 »
50 exemplaires numérotés, sur Japon, accompagné chacun d'un dessin original, l'un.............................. 100 »
Le même ouvrage. In-12, br......... 1 25

Les Armées de la République, par Ed. Boyal. In-8°, br.............. 3 90
Relié percaline anglaise, tr. dorée... 4 50

COURS D'HISTOIRE CONTEMPORAINE

(1789 à nos jours)

Histoire. Cours de MM. Yvet et Jaurrin (Enseignement primaire supérieur). 1 vol. in-12, cart............... 2 25

Histoire contemporaine (1789-1889), par Dachau et Grégoire. 1 vol. in-12, cart... 6 »

Lectures historiques, par M. Cizes. 1 vol. in-12, cart................. 2 »

Histoire contemporaine (1789-1889), par Seines et Guttor, sous la direction de F. de Crozals. 1 vol. in-12, br....... 4 »
Relié toile....................... 5 »

Histoire contemporaine (1789-1889), par Toussenel et Darsy. 1 vol. in-12, cart. 4 »

INSTRUCTION MORALE ET CIVIQUE

Instruction morale et civique. Cours moyen. (Collection Cizes). In-12, cart.. 1 30

Morale et patrie, par A. Mézières et Ch. Biss. In-12, cart............. » 90

Éducation morale et instruction civique, à l'usage des écoles primaires, par A. Mézières. 1 vol. in-12, cart......... 1 25

Cours d'instruction morale et civique à l'usage des écoles normales, par G. Dumesnil, agrégé de philosophie. In-12, br. 2 50

Cours de morale et notions d'enseignement civique, rédigés conformément aux nouveaux programmes de l'enseignement primaire par Aulor. In-12, cart....... 1 25

Cours d'instruction morale et civique, par Thomas (J.) et Géras (A.), in-12, cart............................ 1 25

Petit formulaire de l'enseignement civique, par M. de Fridberg. In-12, cart. » 35

Formulaire de l'enseignement civique, par M. de Fridberg. In-12, cart...... 1 »

Morale et instruction civique, par L. Blanis, directeur de l'école des Blucts, de Lille. In-12, cart......................... » 60

Paris. — Imp. WATELET et VIGOT, 18, rue d'Odessa.

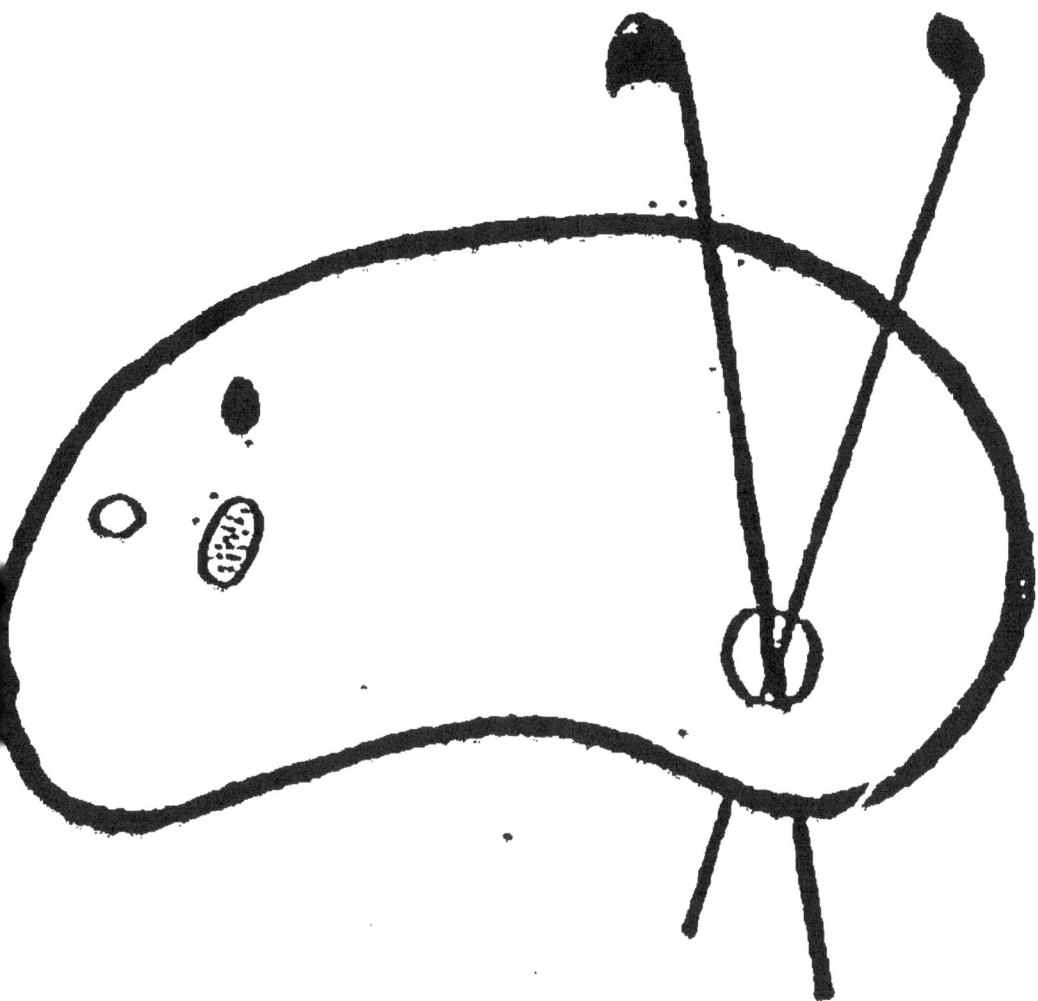

FIN D'UNE SEFIE DE DOCUMENTS
EN COULEUR

LA DÉCLARATION
DES DROITS DE L'HOMME
ET DU CITOYEN
DE 1789

DU MÊME AUTEUR :

L'Enseignement intégral ; Paris, Alcan, 1898.

Les Études dans la démocratie ; Paris, Alcan, 1900.

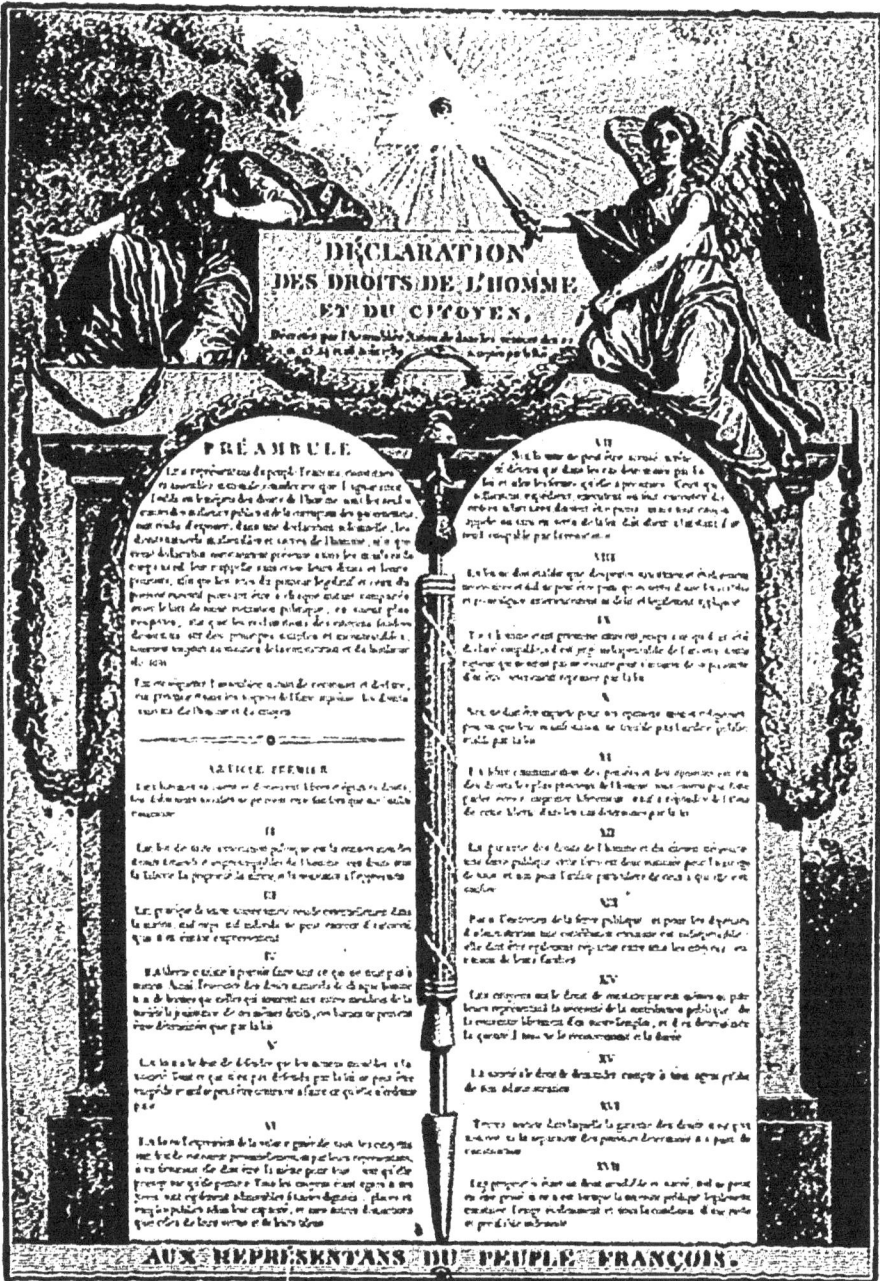

DÉCLARATION
DES DROITS DE L'HOMME
ET DU CITOYEN,

PRÉAMBULE

ARTICLE PREMIER

AUX REPRÉSENTANS DU PEUPLE FRANÇOIS.

EXPLICATION DE L'ALLÉGORIE.

SPÉCIMEN D'UNE GRAVURE ORIGINALE DE 1789

LA DÉCLARATION

DES

DROITS DE L'HOMME

ET DU

CITOYEN

DE 1789

INTRODUCTION À L'ENSEIGNEMENT CIVIQUE

PAR

ALEXIS BERTRAND

CORRESPONDANT DE L'INSTITUT
PROFESSEUR À LA FACULTÉ DES LETTRES DE L'UNIVERSITÉ DE LYON

PARIS

LIBRAIRIE CH. DELAGRAVE

15, RUE SOUFFLOT, 15

« CULTE DE L'ÉGALITÉ »
(Gravure de Copia, dessin de Prudhon?)

INTRODUCTION

COMMENT FAUT-IL ENSEIGNER LA DÉCLARATION?

I

Voici l'origine de ce petit livre. Lyon voulut célébrer dignement, le 14 juillet 1889, le glorieux centenaire de la Révolution. La municipalité élabora donc un beau programme, dont la partie la plus austère était une conférence aux maîtres et aux élèves des écoles primaires supérieures, dans la salle des fêtes de l'Hôtel de ville. On voulut bien m'inviter à me charger de cette conférence, honneur que j'acceptai avec empressement. Je me souvenais, en effet, que

c'était la pensée même du législateur de 1789 que la Déclaration fût lue et commentée dans toutes les écoles. Le
19 août, Rabaut-Saint-Étienne développait un vœu pour
qu'une « déclaration simple, claire, d'un style qui fût à la
portée du peuple, renfermât toutes les maximes de liaison
et de liberté qui, *enseignées dans les écoles, formât une génération d'hommes libres, capables de résister au despotisme* [1] ».
Mais je m'aperçus promptement que la tâche était plus difficile que je ne l'avais d'abord supposé. La clarté de cette
charte mémorable est celle des principes abstraits, une
réelle mais une « obscure clarté ». Notre décalogue révolutionnaire où, comme disait Barnave, notre « catéchisme
national », n'est ni aussi lu ni aussi souvent commenté
que célébré ou dénigré. Il fallait rassembler des documents
que les grandes histoires de la Révolution ne fournissent
que très incomplets et fort mutilés. Bref, je fis cette réflexion
que si, dans une grande ville, pourvue de riches bibliothè-
ques, j'éprouvais des difficultés presque insurmontables, la
tâche devait être, pour un instituteur de campagne, pour
un professeur de collège, à peu près impossible. Je résolus
sur-le-champ de mettre à la disposition des instituteurs et
des professeurs les documents que j'avais si péniblement
rassemblés, et j'écrivis aussitôt trois articles sur les Droits
de l'homme dans la *Revue pédagogique*. On m'a maintes fois
assuré qu'ils ont, depuis cette date, rendu des services : ce
sont ces trois articles que je réimprime aujourd'hui presque

---

1. *Le Point du jour* de Barère, n° LVII.

sans modifications, dans l'espérance que, sous cette nouvelle forme, ils en rendront davantage.

Est-ce un ouvrage savant, une recherche d'érudition? Pas le moins du monde. C'est tout simplement une œuvre

BARNAVE
(Portrait de 1790, par J. Guérin).

de conscience et de bonne foi qui ne vise qu'à l'exactitude dans les citations, au bon sens dans l'interprétation, si toutefois cette double promesse n'est pas déjà présomptueuse. L'origine même du livre, sa genèse et son intention en fixent le but et en indiquent l'usage. Qu'il soit d'abord bien entendu que le lecteur ne trouvera pas ici une conférence ou

des conférences toutes faites, mais plutôt des indications et
des matériaux pour les faire lui-même. J'ai entendu un excellent peintre de paysage répondre à quelqu'un qui lui disait,
en face d'un beau site, la phrase banale : Voilà un tableau tout
fait ! — « S'il est tout fait, ne le faites pas ! La peinture pho-
tographique ne donnera jamais qu'un mauvais tableau. » Il
en est de même de ces conférences qu'on apprend et qu'on
répète, car il n'y a pas deux esprits où les mêmes choses
s'arrangent naturellement dans le même ordre : je n'aspire
qu'à une fraternelle collaboration. Que l'on n'oublie pas
non plus qu'un ouvrage savant sur la question exigerait la
plus minutieuse érudition, des discussions à l'infini sur les
textes des discours prononcés, qui n'étaient point. on le
sait, reproduits par la sténographie et présentent souvent
des variantes[1] ; qu'en outre il faudrait s'élever, par une
comparaison systématique des déclarations successives, de
l'exégèse savante jusqu'aux plus hauts sommets de la science
sociale, ou plutôt de la métaphysique sociologique. Et tout
cela pour aboutir à un véritable contresens. « Le mérite
d'une Déclaration des droits, disait La Fayette dans la séance
du 11 juillet, consiste dans la vérité et la précision; *elle
doit dire ce que tout le monde sait, ce que tout le monde*

---

1. Les textes sont puisés dans le *Moniteur* et les *Archives parlementaires*, re-
cueils indispensables, mais qui ne sont rien moins que sûrs et qu'il faut toujours contrôler. M. Aulard, qui fait autorité en ces matières, conseille de
consulter le *Procès verbal* de l'Assemblée constituante, le journal *le Point
du jour*, de Barère, le *Journal des états généraux* par Hodey de Sault-Che-
vreuil. — A moins d'indications contraires, les textes de la seconde partie, *la
discussion*, sont généralement extraits des *Archives parlementaires.*

sent. » Et Champion de Cicé, parlant au nom du comité de
constitution, le 27 juillet, écartait résolument la rédaction
de Sieyès comme trop abstraite, trop profonde, trop parfaite; elle supposait, disait-il, « plus de sagacité et de génie
qu'il n'est permis d'en attendre de ceux qui doivent la lire
et l'entendre; *et tous doivent la lire et l'entendre.* » Tous,
entendez-vous bien? Il est heureux que le plus grand des
Français, Descartes, ait déclaré, cent cinquante ans avant
la Révolution, que « le bon sens est la chose du monde la
mieux partagée ». Ce sont les auteurs mêmes de la Déclaration qui nous recommandent, qui nous enjoignent de nous
adresser au bon sens populaire et d'éviter comme la peste
et les minuties grammaticales, et les obscurités métaphysiques, et les subtilités juridiques.

II

Il n'en faudrait pas conclure légèrement que la lettre tue
et l'esprit vivifie; la lettre et l'esprit sont également précieux, et c'est, pour ainsi dire, à la lettre et mot à mot qu'il
faut expliquer la Déclaration, puisque chaque mot, nous le
verrons, a été scrupuleusement pesé, chaque article mûre-
ment délibéré. On peut toutefois, on doit même préalable-
ment se poser cette question : « Dans quel esprit et selon
quelle méthode faut-il l'enseigner? » On a dit avec quelque
emphase : « Révolution, révélation! » Donnerons-nous la
Déclaration, sinon comme des tablettes tombées du ciel au

milieu du tonnerre et des éclairs, du moins comme une
émanation presque miraculeuse, une révélation presque surnaturelle de l'âme nationale, ou bien la présenterons-nous
comme une œuvre tout humaine, rien qu'humaine, faillible
par conséquent, et une approximation toujours plus ou
moins inexacte, nullement définitive, de l'éternelle et absolue vérité?

Décalogue, catéchisme, ces expressions outrées, il semble bien que la plupart des hommes de la Révolution aient
été tentés de les prendre à la lettre. Symbole des apôtres,
articles de foi, c'est ainsi qu'on nous les présente quelquefois. La seule justification de cette interprétation enthousiaste et presque mystique, c'est que la Révolution est
l'aboutissement de l'histoire même de la France pendant
de longs siècles, cette histoire condensée en quelques formules. Or, dit Michelet, la France « est le seul peuple qui ait
droit de s'enseigner ainsi lui-même, parce qu'il est celui qui
a le plus confondu son intérêt avec celui de l'humanité[1] ».
Et il n'y a pas là, remarque Michelet, de fanatisme, pourvu
que l'enseignement de la Révolution soit bien pénétré de
cette idée qu'il ne doit pas renier le passé, mais le revendiquer au contraire, le ressaisir et le faire sien : montrer
clairement que la Révolution avait, « avec l'autorité de la
raison, celle de l'histoire, de toute notre nationalité historique; que la Révolution était la tardive mais juste et nécessaire manifestation du génie de ce peuple; qu'elle n'était

1. MICHELET, *le Peuple*, 2ᵉ partie, chap. vi.

que la France même ayant enfin trouvé son droit ». Dès lors la première question de l'éducation est celle-ci : « Avez-vous la foi? donnez-vous la foi? » Il faut que l'enfant croie. Qu'il croie, enfant, aux choses qu'il pourra, devenu homme,

DE TALLEYRAND-PÉRIGORD,
Évêque d'Autun.

se prouver par la raison. Faire un enfant raisonneur, dis-puteur, critique, c'est chose insensée. Remuer sans cesse à plaisir tous les germes qu'on dépose, quelle agriculture ! Faire un enfant érudit, c'est chose insensée... La foi, c'est la base commune d'inspiration et d'action. Nulle grande chose sans elle[1]. »

1. MICHELET, *le Peuple*, 2ᵉ partie, chap. VIII.

Mais cette foi, il faut la définir et, avant de la donner aux autres, il faut se la donner à soi-même. « La foi digne de l'homme, ajoute excellemment Michelet, c'est une croyance d'amour dans ce que prouve la raison. » Vous êtes chargé d'enseigner la France à la France, et vous avez des doutes, des scrupules; pour reprendre foi à la patrie, remontez le passé de la France, approfondissez son génie naturel; de son passé concluez à son avenir, et que sa mission de soldat du droit vous apparaisse en pleine lumière; alors vous croirez et vous aimerez à croire; la foi n'est pas autre chose; sa chaleur est communicative; les jeunes âmes se tourneront vers vous; leur *conversion* et votre prosélytisme ne seront pas autre chose.

Ai-je bien compris la pensée de Michelet? Faut-il enseigner la Déclaration dans ces dispositions d'esprit, ou plutôt de cœur? Avant d'en décider, examinons une autre *méthode* d'interprétation qui semble, au premier coup d'œil, aux antipodes de la première.

Ses contemporains appelaient Condorcet « un volcan recouvert de neige ». Chez lui l'enthousiasme du patriote n'offusquait presque jamais la parfaite lucidité de l'homme de science. Il se défiait donc de l'imagination, non qu'il la condamnât sans appel comme étant, selon l'expression qu'on attribue à Malebranche, « la folle du logis », mais parce qu'il craignait ses empiétements et ses préventions. Il faut, disait-il, qu'un examen froid et sévère, où la raison seule soit écoutée, précède le moment de l'enthousiasme. Il ajoutait qu'il

serait coupable, dans l'éducation, de s'emparer de l'imagination des enfants « même en faveur de ce qu'au fond de notre
conscience nous croyons être la vérité ». L'enseignement
de la constitution du pays doit-il faire partie de l'instruction nationale? Assurément, et Talleyrand a eu le mérite
d'en montrer le premier l'utilité et la nécessité[1]. Mais il faut
insister sur cette réserve qu'on en parlera comme d'un fait,
qu'on se contentera de l'expliquer et de le développer, qu'on
se bornera à conclure en cette forme : *Telle est la constitution établie dans l'État et à laquelle tous les citoyens doivent
se soumettre*, et non en cette autre forme : *Voilà ce que vous
devez adorer et croire*. Alors, en effet, on rend les citoyens
incapables de la juger ; on fonde sur un aveugle enthousiasme
une nouvelle espèce de religion ; on prépare une chaîne aux
esprits ; on viole la liberté sous prétexte d'enseigner à l'aimer. « Si vous appelez une école un *temple national,* si
votre instituteur est un *magistrat,* vous ajoutez aux propositions énoncées dans ce lieu, présentées par cet homme, une
autorité étrangère non seulement aux preuves qui doivent
établir la vérité, mais à cette espèce d'autorité qui peut,
sans nuire aux progrès des connaissances, influer sur notre
croyance provisoire. J'ai raison de croire à une expérience

1. Il y a certainement dans les vues de Condorcet sur l'enseignement du
droit public national, une réaction contre quelques passages un peu décla-
matoires du Rapport de Talleyrand qui disait : « Malheur aux maîtres qui
auront à traiter de si nobles sujets, s'ils restaient froids au milieu de ces
élèves bouillants de jeunesse et de courage! Combien de récits touchants
pourront animer ces leçons! Comme cette histoire parle à l'âme dans un pays
libre! Quelles douces larmes elle fait répandre! »

de physique sur le nom d'un savant dont j'ai vérifié la
science et l'exactitude; je serais un sot d'y croire sur l'autorité d'un pontife ou d'un consul. Or, il faut désespérer du
salut de la raison humaine, ou appliquer cette même règle
à la morale et à la politique. Hâtons-nous donc de substituer le raisonnement à l'éloquence, les livres aux parleurs,
et de porter enfin dans les sciences morales la philosophie
et la méthode des sciences physiques[1]. »

III

Voilà donc, dès l'origine, la question ouverte sur les
deux méthodes d'enseignement civique. Il n'est guère douteux que les critiques de Condorcet ne visent certaines exa-
gérations, au moins dans l'expression, du rapport de Talleyrand : c'est le rapporteur de la Constituante qui préconise
l'ardeur, l'enthousiasme chez le maître, et c'est le rapporteur de la Convention qui invoque avant tout la froide, exi-
geante mais lumineuse raison; pour l'évêque, les droits de
l'homme doivent surtout être prêchés avec éloquence, et
pour l'homme de science il importe avant tout de les démontrer avec rigueur. S'il fallait absolument choisir, c'est à
Condorcet qu'il faudrait demander des conseils de méthode :
comprendre d'abord et faire comprendre. Mais le raisonnement exclut-il nécessairement la chaleur, et les anciens
ne disaient-ils pas que c'est du cœur que vient l'éloquence?

1. CONDORCET, *Rapport sur l'instruction publique*. Notes de la 2ᵉ édition.

Condorcet écrivant sous la menace et presque sous le couperet de la guillotine son *Esquisse des progrès de l'esprit humain,* est la personnification de la raison enthousiaste et

MARIE-JEAN-ANNE-NICOLAS DE CARITAT
MARQUIS DE CONDORCET

ne contredit aucunement la profonde définition que Michelet donne de la foi civique, « une croyance d'amour dans ce que prouve la raison », d'accord avec Pascal, qui disait, sous une forme plus générale, que « l'amour et la raison n'est qu'une même chose ». Que le maître bannisse donc de vains scrupules : il n'aura jamais assez d'intelligence s'il n'a pas assez

d'âme. Qu'il ne se défie pas trop de ce qu'on pourrait appeler son tempérament intellectuel, pourvu qu'il évite l'écueil
de l'emphase, de la parade chauvine, de la gesticulation
patriotique. De même que les grandes douleurs sont muet-
tes, les sentiments sincères et profonds s'expriment sobre-
ment. S'il n'est membre ni de la Ligue des droits de l'homme
ni de la Ligue de la patrie française, qu'il en soit tout con-
solé ; les droits de l'homme, voilà, pourrait-on dire, la vraie,
l'idéale patrie française, le patriotisme en maximes.

On pourrait dire de la Constituante ce qui a été dit de
Montesquieu : l'humanité avait perdu ses titres de noblesse,
la Constituante les a retrouvés. Mais n'y a-t-il pas là précisément un danger qu'on pourrait définir ainsi : la substitution
plus ou moins insensible et débilitante du cosmopolitisme au
patriotisme? La Constituante déclare, en effet, des droits
humains, et non simplement français; elle nous invite donc
à enseigner, semble-t-il, l'internationalisme du droit, et abou-
tirait à faire de nous des sans patrie, puisque la seule patrie
digne de l'homme éclairé par la philosophie du xviiiᵉ siècle,
c'est la cité idéale de la raison, qui ne reconnaît pas de
frontières.

Objection moins redoutable que spécieuse, contre l'enseignement civique de la Déclaration; je ne l'ai point affai-
blie, et si je n'hésite aucunement à écrire les mots inquié-
tants de cosmopolitisme et d'internationalisme, c'est qu'ils
ne m'effrayent pas. En effet, ce serait s'effrayer de l'ardent
prosélytisme de la Révolution, prosélytisme qui concorde

pleinement avec le caractère humanitaire et cosmopolite de la Déclaration. Si le patriotisme n'est que la haine aveugle et inexorable de l'étranger, les principes de la Constituante aboutissent assurément à l'atténuer et à l'affaiblir. Ou plutôt cette haine, ils la canalisent et l'endiguent ; ils la détournent des hommes, des classes, des peuples, pour la faire porter et la concentrer uniquement sur les violations du droit. Mais nier une négation, c'est une manière très positive d'affirmer : le chauvinisme de la haine n'est que la brutale négation du vrai patriotisme.

Il n'y aurait même aucun paradoxe à soutenir que le patriotisme français, que l'idée nationale n'a eu toute sa force et tout son élan que depuis et par la Révolution. Il n'était pas rare, sous l'ancien régime, d'assister à des éclipses non pas totales, mais partielles, du patriotisme ; catholiques et protestants demandèrent chacun à leur tour, au XVI⁰ siècle, les secours de l'étranger, de l'Espagne et de l'Angleterre ; au XVII⁰ siècle, le grand Condé a commandé contre la France une armée espagnole ; plus tard, les émigrés tournèrent leurs armes contre la mère patrie et revinrent en France dans les fourgons de l'étranger. L'intérêt révolutionnaire a pu réunir des partis anarchiques sans distinctions de frontières, mais n'en a-t-il pas été de même de l'intérêt aristocratique et monarchique, et les émigrés étaient-ils du côté de la Révolution ou du côté contraire ? Il n'y a de part et d'autre aucun principe en cause, mais des intérêts et des passions de ligueurs, de conjurés et de conspirateurs.

P. Janet remarque avec une grande justesse que la tradition d'un patriotisme vraiment français date de la Révolution, qu'à aucune époque les souvenirs de la patrie, les gloires nationales, n'ont occupé une aussi grande place que de nos jours dans la vie publique, dans les lettres et les arts, dans les entretiens familiers et au foyer domestique. « Cherchez, dit-il, dans les écrivains illustres du temps de Louis XIV les allusions courantes aux événements du passé! Rien de plus rare. Est-il jamais question de Jeanne d'Arc, de Bayard, de l'Hôpital, de Duguesclin, même de saint Louis et de Henri IV, noms si populaires aujourd'hui, dans les écrits de Bossuet, de La Bruyère, de Mme de Sévigné, de Boileau, de Racine, de La Fontaine? Rien; pas de souvenirs, tel est le caractère du xviie siècle. Tout est dans le roi, adoré comme une idole pendant sa vie, mais dont on cassera le testament quand il sera mort[1]. » Grâce à la Révolution, qui a renouvelé le champ des études historiques, comme elle a tout rajeuni, l'histoire nationale est devenue, selon le mot de Michelet, une « résurrection », la résurrection de l'âme même de la France. Or, une nation est une âme, et deux choses qui n'en font qu'une constituent cette âme : c'est, selon Renan, la conscience du passé, la possession en commun d'un riche legs de souvenirs, le culte des ancêtres qui nous ont faits ce que nous sommes et nous ont légué indivis ce capital national fait d'un passé héroïque, du souvenir des grands hommes et d'un héritage de vraie

1. P. JANET, *Philosophie de la Révolution française*, chap. vi.

gloire; et c'est aussi la ferme résolution d'accroitre ce capital et cet héritage, du moins de le faire valoir ensemble
et de le défendre; car on aime sa patrie en proportion des
sacrifices qu'on a faits et des maux qu'on a soufferts et que
l'on consent, pour la sauvegarder, à souffrir encore. A ceux
qui affectent de craindre que la pensée de l'humanité, partout présente dans la Déclaration, ne nous fasse oublier la
pensée de la patrie, il ne faut jamais cesser de répéter
qu'ils tombent dans le même sophisme qu'un esprit étroit
qui opposerait à la patrie la famille, sans s'apercevoir que
la patrie est elle-même la famille agrandie. Nous ne com-
mençons proprement à devenir hommes, disait J.-J. Rousseau, qu'après avoir été citoyens. Défiez-vous, ajoutait-il, de
ces cosmopolites qui vont chercher bien loin les devoirs
qu'ils dédaignent de remplir autour d'eux.

Un grand tribun, tout plein de l'esprit de la Révolution,
nous rappelle en un langage magnifique ces vérités : « Oh!
oui, disait Gambetta, la France glorieuse et replacée, sous
l'égide de la République, à la tête du monde, groupant sous
ses ailes tous ses enfants désormais unis pour la défendre au
nom d'un seul principe, et présentant au monde ses légions
d'artistes, d'ouvriers, de bourgeois et de paysans; oh! oui, il
est bon de faire partie d'une France pareille, et il n'est pas
un homme qui ne se glorifie de dire à son tour : *Je suis citoyen
français!* Mais il n'y a pas que cette France glorieuse, que
cette France révolutionnaire, que cette France émancipa-
trice et initiatrice du genre humain, que cette France d'une

activité merveilleuse et, comme on l'a dit, cette France
nourrice des idées générales du monde; il y a une autre
France que je n'aime pas moins, une autre France qui
m'est encore plus chère, c'est la France misérable, c'est la
France vaincue et humiliée, c'est la France qui est accablée,
c'est la France qui traine un boulet depuis quatorze siècles,
la France qui crie, suppliante, vers la justice et la liberté,
la France que les despotes poussent constamment sur les
champs de bataille, sous prétexte de liberté, pour lui faire
verser son sang par toutes les artères et par toutes les
veines; la France que, dans sa défaite, on calomnie, que
l'on outrage; oh! cette France-là, je l'aime comme on aime
une mère; c'est à celle-là qu'il faut faire le sacrifice de sa vie,
de son amour-propre et de toutes les jouissances égoïstes;
c'est de celle-là qu'il faut dire : *Là où est la France, là est
la patrie*[1] ! »

IV

Reste une dernière difficulté et, pour ainsi dire, une anti-
nomie, sorte de contradiction civile et politique : si la conquête des droits de l'homme n'atténue pas le patriotisme,
mais plutôt le fortifie et l'enflamme, ne courons-nous pas
le danger, en nous hypnotisant par la contemplation assidue
des principes de 1789, d'affaiblir, de déraciner dans nos âmes
la notion et comme la faculté du progrès? Ne prenons-nous

1. GAMBETTA, *Discours et Plaidoyers politiques*, t. III, p. 135.

pas l'attitude de parvenus qui nieraient la question sociale, sinon les questions sociales, et se reposeraient en conséquence dans un indolent quiétisme, disant avec résignation : « Tout est dit, tout est fait, et l'on vient trop tard, depuis plus d'un siècle que l'oracle a parlé et que nos pères ont recueilli ses paroles et gravé ses arrêts sur des tables d'airain? » Erreur encore, et des plus dangereuses. Si nous voyons plus loin que nos pères, disait Fontenelle, c'est que nous sommes montés sur leurs épaules; vive image que le vieux médecin Laurent Joubert exprimait avec plus de pittoresque encore : « Un enfant au col du géant voit tout ce que voit le géant, et un peu davantage. » Il y a une sorte de raffinement d'esprit qui consiste à se distinguer du commun en brûlant ce que d'autres adorent, précisément parce qu'ils l'adorent, à tourner en ridicule les principes de 1789 comme s'ils étaient démodés et depuis longtemps dépassés, à les traiter de lieux communs et de banalités et à tourner la liberté contre la liberté même. P. Janet analyse très finement ce travers : « Eh quoi! je penserais comme ce bourgeois naïf qui se croit un homme et un citoyen! Le dernier des goujats crie à la liberté et à l'égalité, et je ferais comme lui¹? » Tant que la démocratie, remarque-t-il, a été militante, souffrante, héroïque, utopique, elle a eu pour elle les esprits fiers et indépendants; mais, triomphante, entrée dans la réalité avec les misères de la réalité, il devient de bon goût de se tourner contre elle, non seulement de la

1. P. JANET, *Histoire de la science politique*, 3ᵉ édit., p. LXIV.

censurer, mais de lui faire sans cesse la leçon et la morale, mais de la désavouer, de la renier, de la mépriser. C'est l'attitude du personnage de Molière qui dit fièrement : Nous autres grands médecins, nous avons changé tout cela, nous avons mis le cœur à droite !

Que l'on dise avec M. J. Jaurès : « Nous considérons la Révolution française comme un fait immense et d'une admirable fécondité ; mais elle n'est pas à nos yeux un fait définitif dont l'histoire n'aurait ensuite qu'à dérouler sans fin les conséquences, » rien assurément n'est plus légitime. La Déclaration, pas plus que les constitutions, n'est une tente dressée pour le sommeil des peuples. Les situations nouvelles créées par les événements font surgir des problèmes nouveaux ; tout n'est pas dit et tout n'est pas fait ; mais si celui qui a proclamé le premier que la terre tourne sur son axe n'a pas vu que cet axe se déplace insensiblement, il n'en a pas moins lancé dans le monde une grande et définitive vérité, et un savant qui la dédaignerait ne serait qu'un sophiste attardé, un théoricien rétrograde du progrès. Il y aura toujours des Érostrates pour brûler le temple d'Éphèse. Essayons de fixer sur ce point la vérité, en interrogeant purement et simplement le sens commun.

Les principes de 89, a-t-on dit, en usant d'une comparaison qui est à elle seule une explication, sont pour les sociétés humaines quelque chose de semblable à ce qu'est dans l'individu la majorité civile. Lorsqu'un jeune homme arrive à la majorité, il ne devient pas pour cela raisonnable, mais seulement apte à se conduire par la raison : l'expérience seule donne la sagesse pratique, et l'heure de la majorité ne confère pas instantanément l'expérience. Le jeune homme a-t-il fini ses études, il fait choix d'une carrière : question résolue, mais difficultés nouvelles, car le voilà engagé dans l'âpre lutte pour la vie. Se marie-t-il, c'est encore une question résolue, mais il voit surgir devant lui et les périls de la vie conjugale et les devoirs et les charges de la paternité. Ce qui est vrai de toute vie individuelle est vrai aussi de la vie collective, de la vie nationale; chaque question résolue en suscite une foule d'autres qui exigent successivement une solution. Que dis-je! les choses ne se passent pas autrement dans les sciences : il n'y a pas d'heure pour « la torpeur et l'inertie »; l'esprit est toujours poussé plus avant, plus loin, plus haut, et cet aiguillon de la curiosité et de la nécessité lui donne le sentiment, à la fois réconfortant et accablant, qu'il est « fait pour l'infinité ». En conclura-t-on qu'il n'y a rien d'acquis et de définitif dans la science?

Appliquons ces réflexions, dont la vérité est l'évidence même, aux principes de 89. Les voilà proclamés, victorieux, acceptés par tous les citoyens, enseignés dans toutes les écoles : tout est-il fini et ne nous reste-t-il qu'à entrer paisiblement dans la terre promise? Non; c'est alors que commence l'ère des difficultés et l'ère des périls. Ces principes, il reste à les définir, à les délimiter, à les concilier, à les faire descendre de l'idéal dans le réel, et c'est l'ouvrage de plusieurs siècles. Vous avez affranchi les hommes du pou-

voir artificiel et arbitraire du passé : question résolue, mais
aussitôt surgit le problème des rapports de l'individu et de
l'État dans la société nouvelle, question bien plus profonde
que celle de l'abolition des privilèges. Vous avez affranchi
l'industrie des entraves de règlements surannés, des jurandes et des maitrises; question résolue, mais vous en avez
suscité une autre bien plus redoutable : vous avez créé la
question sociale. De même, en sécularisant la loi, en affran-
chissant les consciences, vous avez légué à l'avenir l'inextri-
cable question de l'Église libre dans l'État libre : nous voilà
bien loin des libertés gallicanes, et même de la constitution
civile du clergé et du Concordat. Le sphinx pose sa question
et ne souffre pas qu'on l'élude ou qu'on feigne de ne pas
l'entendre : il faut répondre. De même encore, en insti-
tuant l'instruction publique, l'éducation nationale, vous avez
fait pénétrer dans les cerveaux les plus obtus ces trois mots
gros de polémiques : privilège, monopole, liberté, et il vous
faut trouver une liberté qui ne soit pas celle de créer un
empire dans un empire et de détruire l'unité nationale par
les moyens mêmes qui devraient servir à la conserver et à
la consolider.

V

Déduire les conséquences, qui vont à l'infini; fixer les applications, qui rencontrent d'irréductibles résistances, quelle
tâche pour le penseur et pour le politique! Et cette tâche
s'impose dans une certaine mesure à chaque citoyen dans

une nation où tout citoyen est électeur. Il ne suffirait pas
des'écrier : « Conscience, conscience, instinct divin, immor-
telle et céleste voix! » Il n'y a pas de Pentecôte sociale et
civique, et l'esprit ne descend pas en nous le jour du vote
ou dans le tumulte d'une assemblée électorale. La liberté
n'implique pas seulement conscience, mais science : le fardeau de la liberté n'est pas fait pour de faibles épaules.
Les sociologistes nous parlent quelquefois d'une conscience
sociale : ses réponses à coup sûr ne sont pas écrites en gros
caractères, comme les professions de foi électorale sur une
affiche. Mais ce serait déjà un grand pas de fait si les « opinions » politiques, au lieu de se fonder sur l'intérêt et la
passion, prenaient leur point d'appui sur les principes. Elles
n'y gagneraient pas une uniformité absolue, qui n'est ni
possible ni même désirable, mais elles acquerraient du
moins la stabilité et la cohérence.

Voilà pourquoi je mets en tête de ce livre : *Introduction
à l'enseignement civique*. La Déclaration est à cet enseignement ce qu'elle était par rapport à la constitution de 1791,
un préambule nécessaire, une préface explicative. Mirabeau,
ou plutôt Cabanis, qui a rédigé ses discours sur l'instruction
publique, proposait de célébrer tous les ans la *Fête de la
Déclaration* : « On y célébrera, disait-il, la Déclaration des
droits de l'homme, sur laquelle est fondé tout le système
des lois nouvelles et la constitution elle-même. » C'est aux
instituteurs à établir cette fête dans les écoles; il n'est pas
besoin d'être un Montesquieu pour expliquer à de jeunes

intelligences l'esprit de nos lois et le génie de notre constitution républicaine, car cet esprit et ce génie sont tout
entiers condensés dans les principes de 1789.

Le passé, disait Leibniz, est gros de l'avenir. C'est pourquoi nous étudierons, dans la première partie, les *Origines*.
D'abord il faut déraciner dans les jeunes esprits cette illusion qu'il pourrait exister, dans le monde des idées, ce qu'on
appelle, dans les espèces vivantes, des générations sponta-
nées. On ne saurait trop insister sur cette vérité que toute
science est un fragment d'humanité et doit être, sans vaine
pédanterie et sans recherche d'érudition, replacée dans son
milieu social évolutif. Qu'on ne s'étonne pas d'entendre, à
propos de la Déclaration, citer Platon! J'avoue pour ma part
que lorsque je lis dans Diodore que l'antique législateur Charondas avait déjà prescrit, il y a vingt-quatre siècles, un
enseignement *obligatoire,* gratuit pour les citoyens pauvres
et rétribué par la cité, je suis saisi d'admiration. Si vous
remontiez le cours de la Seine jusqu'à sa source, vous abou-
tiriez à un lieu délicieux où la ville de Paris a érigé dans
une grotte la statue de la nymphe de la Seine, à l'endroit
même où s'élevait jadis un petit temple romain : pieuse tradition qu'il faut respecter dans l'enseignement des sciences,
puisqu'en remontant la série des découvertes successives,
semblables au flot qui pousse le flot, on trouve toujours la
source féconde, l'esprit inventeur et révélateur d'où jaillit
l'eau limpide et fraiche. Qu'on ne néglige pas de s'y arrêter,
de s'y rafraichir en passant, non en courant, et de sacrifier

à la divinité du lieu. Les morts, disait Aug. Comte, gouvernent les vivants.

La deuxième partie, les *Discussions parlementaires*, racontera les débats qui fixèrent les termes de la Déclaration. Une date mémorable coupe en deux parties inégales ces discussions, c'est la nuit du 4 août, cette nuit, dit Camille Desmoulins, « qui a réintégré les Français dans les droits de l'homme, qui a déclaré tous les citoyens égaux, également admissibles aux dignités, aux emplois publics, qui a arraché tous les offices civils, ecclésiastiques ou militaires à l'argent, à la naissance et au prince pour les donner à la nation et au mérite ». La force même des choses, plus puissante que la volonté des hommes, exigeait que le sol fût déblayé, je veux dire que les privilèges fussent abolis avant que l'on posât la première pierre de l'édifice nouveau. Aussi voyons-nous que jusqu'au 4 août les plus savants projets sont rejetés, les meilleures volontés et les plus droites intentions échouent et se brisent. Mais à partir de cette date et malgré les obstacles et les chausse-trapes, cris de la rue, émeutes, famine, perpétuelles inquiétudes, insécurité de l'heure présente et du lendemain, l'Assemblée poursuit imperturbablement son œuvre et l'achève. Quel spectacle que cette sérénité et cette impassibilité au milieu des fureurs déchaînées! Est-ce une assemblée politique, ou bien un cénacle, une académie, un aréopage, un concile de philosophes? Les historiens s'étonnent, se scandalisent quelquefois; mais les contemporains, en dépit de leurs souffran-

ces et de leur légitime impatience, approuvaient et applau-
dissaient, sachant bien que les meilleurs chemins sont finalement les plus courts et qu'il ne faut pas s'étonner de voir
une armée manœuvrer patiemment, avant d'accepter ou de
proposer le combat décisif. Les historiens même les plus
considérables par les dimensions de leurs ouvrages et par
leur autorité nous seront de peu de secours. « Au reste,
dit lestement Thiers, il n'y avait là qu'un mal, celui de perdre quelques séances à un lieu commun philosophique. »
Thiers n'a eu garde de perdre de longues séances à l'étude
de ces mémorables discussions; il le prouve en prenant
pour le grand orateur Mirabeau son frère le vicomte, celui
qu'on appelait Mirabeau-Tonneau à cause de son obésité
et de son goût pour la dive bouteille. C'est le *vicomte* en
effet, et non le *comte,* quoi qu'en dise Thiers, qui fit à quelques jours de distance ces deux propositions grotesques :
« Inscrivez simplement en tête de la constitution : *pour le*
bien de chacun et de tous nous avons décrété ce qui suit; —
Inscrivez *l'ouvrage du plus grand des législateurs, le déca-*
logue! » On voit que les grandes histoires, qui ne nous fournissent que de maigres renseignements, ne compensent
même pas toujours cette pénurie par l'exactitude.

La troisième partie aura pour objet les *Critiques* qui ont
été faites de la Déclaration. Ces critiques pourraient donner lieu à un travail infini; mais si nous n'en négligeons
aucune, nous les examinerons avec brièveté. Il serait d'ailleurs extrêmement dangereux de les omettre : d'abord parce

qu'on paraîtrait tomber dans le travers signalé par Condorcet et dire : « Voilà ce que vous devez adorer et croire; »
ensuite parce qu'elles nous offrent une pierre de touche
pour mieux reconnaître les principes qu'elles s'efforcent
d'ébranler; enfin parce qu'il est très important, non pas
d'apprendre aux élèves à ergoter et à contredire, mais à
user constamment de l'esprit critique et à ne se rendre
qu'à de bonnes raisons et à l'évidence. Quelques-unes de
ces critiques portent sur la forme autant que sur le fond. Il
est donc important de s'entendre une bonne fois sur ce qu'il
plaît à quelques-uns d'appeler la forme abstraite et décla-
matoire de la Déclaration et des discussions qui la prépare-
rent. L'abstraction ! C'est ici une condition de la précision
et de la brièveté, et il ne faut pas exiger du législateur
ou du savant le langage concret et imagé de la poésie.
C'est aussi la tournure d'esprit du xviii° siècle, nourri aux
sciences et à la philosophie; c'est le langage et comme la
marque de l'époque, et nos pères savaient leur langue
mieux que nous. La réponse à ce reproche est celle que fait
J.-J. Rousseau : « Je ne sais point être clair pour celui qui
ne veut pas être attentif. » Déclamation ! On va répétant
que les constituants furent de brillants rhéteurs, on dirait
volontiers des collégiens attardés, exécutant dans le mode
antique d'interminables variations sur le thème du *Contrat
social*. Mais on est un rhéteur, on déclame, on tombe dans
l'emphase toutes les fois que l'expression dépasse l'intensité du sentiment intime qu'elle traduit : prouvez-moi donc

que cette intensité d'émotion, en face de l'œuvre colossale
qu'ils entreprenaient, était hors de proportion avec l'énergie de leur fier langage. Nous avons peut-être été « rape-
tissés » par l'expérience et les déceptions, et nous ne sommes plus à l'unisson de leurs espérances et de leur éloquence, voilà tout. Du moins sont-ils toujours clairs : on
disait au dernier siècle que ce qui n'est pas clair n'est pas
français.

Voici donc la triple utilité que nous retirerons de cette
étude attentive et informée de la Déclaration. D'abord,
c'est une méditation civique éminemment propre à éclairer
notre esprit et à guider notre conscience de citoyen aux
jours troubles des luttes sociales, ou simplement le jour du
vote, où notre suffrage doit être éclairé et raisonné. Ensuite,
elle nous enseigne le respect et la reconnaissance pour nos
pères qui nous ont laissé le magnifique héritage du droit
national devenu pour nous, après plus de cent ans d'application plus ou moins sincère et complète, le véritable
droit historique, dont aucun régime n'a négligé de se réclamer, aucun parti de s'autoriser, même en le violant. Enfin,
elle produit dans nos âmes un salutaire effet d'apaisement,
car les principes sont, après tout, ce qui nous divise le moins,
et ils vivent au plus profond de l'âme française, comme des
vérités immanentes et plus ou moins inconscientes qui sont
comme sa substance et sa moelle. Les ramener sans cesse
de ces profondeurs à la surface et au grand jour de la conscience et de la raison, ce n'est pas seulement éclairer les

intelligences, c'est aussi élever les cœurs et fortifier les volontés. C'est donc prévenir les abdications et les catastrophes. Si ces principes directeurs étaient une fois périmés et abolis, ce serait notre ruine et notre mort, car, dit J.-J. Rousseau, un peuple ne conquiert pas deux fois sa liberté, et le ressort civil une fois usé et faussé, c'est pour toujours. « Alors, dit l'auteur du *Contrat social,* les troubles peuvent détruire un peuple sans que les révolutions puissent le rétablir; et sitôt que ses fers sont brisés, il tombe épars et n'existe plus. Peuples libres, souvenez-vous de cette maxime : on peut acquérir la liberté, mais on ne la recouvre jamais! »

DÉCLARATION DES DROITS DE L'HOMME

ET DU CITOYEN[1]

PRÉAMBULE

Les Représentans du Peuple Français, constitués en Assemblée Nationale, considérant que l'ignorance, l'oubli ou le mépris des droits de l'homme sont les seules causes des malheurs publics et de la corruption des gouvernemens, ont résolu d'exposer, dans une Déclaration solennelle, les droits naturels, inaliénables et sacrés de l'homme, afin que cette déclaration, constamment présente à tous les membres du corps social, leur

1. Le texte est typographiquement conforme à celui qui fut publié par Didot en 1791, dans un volume qui porte pour titre : *La Constitution française, décrétée par l'Assemblée Nationale constituante, aux années 1789, 1790 et 1791, présentée au Roi le 3 septembre 1791, et acceptée par sa Majesté le 14 du même mois.*

rappelle sans cesse leurs droits et leurs devoirs; afin que les actes du pouvoir législatif et ceux du pouvoir exécutif, pouvant être à chaque instant comparés avec le but de toute institution politique, en soient plus respectés; afin que les réclamations des citoyens, fondées désormais sur des principes simples et incontestables, tournent toujours au maintien de la constitution et au bonheur de tous.

En conséquence, l'Assemblée Nationale reconnait et déclare, en présence et sous les auspices de l'Être suprème, les droits suivans de l'homme et du citoyen.

ARTICLE PREMIER

Les hommes naissent et demeurent libres et égaux en droits. Les distinctions sociales ne peuvent être fondées que sur l'utilité commune.

II

Le but de toute association politique est la conservation des droits naturels et imprescriptibles de l'homme. Ces droits sont la liberté, la propriété, la sûreté, et la résistance à l'oppression.

III

Le principe de toute souveraineté réside essentiellement dans la Nation. Nul corps, nul individu ne peut exercer d'autorité qui n'en émane expressément.

IV

La liberté consiste à pouvoir faire tout ce qui ne nuit pas à autrui : ainsi, l'exercice des droits naturels de chaque homme, n'a de bornes que celles qui assurent aux autres membres de la société la jouissance de ces mêmes droits. Ces bornes ne peuvent être déterminées que par la loi.

V

La loi n'a le droit de défendre que les actions nuisibles à la société. Tout ce qui n'est pas défendu par la loi ne peut être empêché, et nul ne peut être contraint à faire ce qu'elle n'ordonne pas.

VI

La loi est l'expression de la volonté générale. Tous les citoyens ont droit de concourir personnellement, ou par leurs représentans, à sa formation. Elle doit être la même pour tous, soit qu'elle protège, soit qu'elle punisse. Tous les citoyens étant égaux, à ses yeux, sont également admissibles à toutes dignités, places et emplois publics, selon leur capacité, et sans autre distinction que celle de leurs vertus et de leurs talens.

VII

Nul homme ne peut être accusé, arrêté ni détenu que dans les cas déterminés par la loi, et selon les formes qu'elle a prescrites. Ceux qui sollicitent, expédient, exécutent ou font exécuter des ordres arbitraires, doivent être punis; mais tout citoyen appelé ou saisi en vertu de la loi, doit obéir à l'instant : il se rend coupable par la résistance.

VIII

La loi ne doit établir que des peines strictement et évidemment nécessaires; et nul ne peut être puni qu'en vertu d'une loi établie et promulguée antérieurement au délit, et légalement appliquée.

IX

Tout homme étant présumé innocent jusqu'à ce qu'il ait été déclaré coupable, s'il est jugé indispensable de l'arrêter, toute rigueur qui ne serait pas nécessaire pour s'assurer de sa personne, doit être sévèrement réprimée par la loi.

X

Nul ne doit être inquiété pour ses opinions, même religieuses, pourvu que leur manifestation ne trouble pas l'ordre public établi par la loi.

XI

La libre communication des pensées et des opinions est un des droits les plus précieux de l'homme. Tout citoyen peut donc parler, écrire, imprimer librement, sauf à répondre de l'abus de cette liberté dans les cas déterminés par la loi.

XII

La garantie des droits de l'homme et du citoyen nécessite une force publique; cette force est donc instituée pour l'avantage de tous, et non pour l'utilité particulière de ceux auxquels elle est confiée.

XIII

Pour l'entretien de la force publique, et pour les dépenses d'administration, une contribution commune est indispensable : elle doit être également répartie entre tous les citoyens, en raison de leurs facultés.

XIV

Tous les citoyens ont le droit de constater, par eux-mêmes, ou par leurs représentans, la nécessité de la contribution publique, de la consentir librement, d'en suivre l'emploi, et d'en déterminer la quotité, l'assiette, le recouvrement et la durée.

XV

La société a le droit de demander compte à tout agent public de son administration.

XVI

Toute société dans laquelle la garantie des droits n'est pas assurée, ni la séparation des pouvoirs déterminée, n'a point de constitution.

XVII

La propriété étant un droit inviolable et sacré, nul ne peut en être privé, si ce n'est lorsque la nécessité publique, légalement constatée, l'exige évidemment, et sous la condition d'une juste et préalable indemnité.

« LE CAUCHEMAR DE L'ARISTOCRATIE »
Gravure de Copia.

PORTRAITS DES PRINCIPAUX RÉDACTEURS DE L' « ENCYCLOPÉDIE »
En haut, Dalembert; au-dessous, Diderot.

LA DÉCLARATION
DES DROITS DE L'HOMME
ET DU CITOYEN

PREMIÈRE PARTIE

LES ORIGINES

CHAPITRE PREMIER

TRADITIONS PHILOSOPHIQUES ET JURIDIQUES

Fourier appelait irrévérencieusement les droits de l'homme « des sornettes renouvelées des Grecs ». Sauf l'intention méprisante, il ne se trompait pas. C'est, en effet, à celui que les Grecs nommaient le divin Platon qu'il en faut faire remonter la première origine. Dans le dialogue des *Lois*, il se pose cette question : « Notre législateur ne mettra-t-il point quelque préambule à chaque loi, ou se bornera-t-il à marquer ce qu'on doit faire et éviter? Et, après avoir menacé d'une peine les contrevenants, passera-t-il de suite à une autre loi, sans ajouter aucun motif propre à persuader ses concitoyens et à leur adoucir le joug de l'obéissance? » Un philosophe chinois s'était posé la même question, et répondait sans hésiter qu'au moyen de la loi qui ordonne et qui réprime on peut bien espérer réformer les mœurs, mais

que, pour la loi elle-même, elle devait renoncer à expliquer
ses raisons, car le peuple est trop borné et trop aveugle
pour les comprendre. Nous sommes fils des Hellènes, et
non fils des Chinois. Platon compare le législateur qui
dédaigne de donner ses raisons à un médecin d'esclaves,
esclave lui-même, charlatan plein d'arrogance et de suffi-
sance, qui purge, saigne, tranche, érige son ignorance en
infaillibilité et croirait humiliant pour sa science de con-
descendre à donner la moindre explication. Le vrai médecin,
au contraire, non celui des esclaves, mais celui des hommes
libres, s'informe de l'origine du mal, du tempérament du
malade, reçoit tous les éclaircissements nécessaires, puis
recourt autant qu'il peut à la persuasion, se souvenant qu'il
est un homme qui s'adresse à un homme et que le moral
a une grande influence sur le physique. « Quel est, à ton
avis, dit Platon, le meilleur de ces deux médecins? J'en dis
autant des maîtres de gymnase : quel est le meilleur, ou de
celui qui emploie deux moyens pour arriver à son but, ou
de celui qui ne se sert que d'un seul, et encore du moins
bon et du plus dur? »

Platon compare poétiquement les préambules des lois
aux préludes du musicien, qui disposent l'oreille à entendre
et l'âme à sentir. Il y a, dit-il, de ces sortes de préludes com-
posés avec un art merveilleux. Mais il remarque que « personne n'a encore pensé à donner des préludes aux vraies lois,
qui sont les lois politiques; personne n'en a encore composé
et fait paraître au jour, comme si de leur nature elles n'en
devaient point avoir ». Et il ajoute : « Je voudrais que le
législateur ne proposât aucune loi qu'elle ne fût précédée
d'un prélude, en sorte que ces deux choses fussent dis-
tinctes dans son ouvrage. » Cicéron nous assure toutefois
que Platon n'avait pas le premier conçu cette belle idée :
Zaleucus, législateur des Locriens, et Charondas, législateur des Thuriens, l'avaient mise en pratique avant qu'il la

conseillât, et faisaient précéder leur législation et chaque loi particulière d'un préambule qui en expliquait les causes et en montrait la sagesse.

Platon avait appris de son maître Socrate qu'il y a des *lois non écrites* antérieures et supérieures aux *lois écrites*. Et cette haute doctrine est précisément celle qu'interprète également Cicéron dans ce beau passage de sa *République* : « Il y a une loi conforme à la nature, commune à tous les hommes, raisonnable et éternelle, qui nous commande le juste et nous défend l'injustice. Ni le peuple, ni les magistrats, n'ont le pouvoir de nous délier des obligations qu'elle nous impose. Elle n'est point autre à Rome, autre à Athènes, ni différente aujourd'hui de ce qu'elle sera demain : universelle, inflexible, toujours la même, elle embrasse toutes les nations et tous les siècles. » Qu'il s'agisse surtout, dans ce texte, de la loi morale, cela n'est pas douteux, mais il ne faut pas oublier que les anciens ne séparaient pas la politique de la morale. D'ailleurs Montesquieu, qui a écrit sur l'esprit des lois politiques et civiles et qui fut le grand inspirateur de la Constituante, s'était lui-même inspiré et comme imprégné de ces hautes traditions platoniciennes et stoïciennes.

MONTESQUIEU

Quelle idée, en effet, Montesquieu se fait-il des lois? « Les lois, dit-il, dans la signification la plus étendue, sont les rapports nécessaires qui dérivent de la nature des choses. » Et cette définition a cela de remarquable qu'elle s'applique

à toutes les lois, à celles de la nature, énoncées par le phy-
sicien, aussi bien qu'à celles qui règlent les mœurs et qui
gouvernent les sociétés. Elles ne sont justes, elles ne sont
légitimes que si elles dérivent de la nature des choses. « Il
y a une raison primitive. » Retrouver cette raison, reconstruire rationnellement le monde social, c'est la tâche du
législateur. « Dire qu'il n'y a rien de juste ni d'injuste que
ce qu'admettent ou défendent les lois positives, c'est dire
qu'avant qu'on eût tracé de cercle tous les rayons n'étaient
pas égaux. Il faut donc avouer des rapports d'équité anté-
rieurs à la loi positive qui les établit. » Ainsi, avant que la
loi eût consacré la liberté et l'égalité des hommes, les hommes étaient libres et égaux : la loi ne crée ni l'égalité ni la
liberté, elle les proclame; plus simplement, elle les *déclare*.

Depuis de longs siècles, nos rois motivaient leurs ordon-
nances par cette formule : *car tel est notre bon plaisir*. Le
meilleur des édits, ainsi libellé, semblait une atteinte à la
dignité, je ne dis pas même du citoyen, mais du sujet. C'est
un préambule plus regrettable que l'absence de tout préambule, une déclaration d'absolutisme, et, pour parler comme
Platon, un prélude qui sonne faux et blesse à la fois l'oreille
et le cœur. On le sentit si bien que l'abus fut atténué et qu'on
essaya de corriger par des adoucissements plus ou moins
ingénieux, cette formule de l'arbitraire et du despotisme :
« Nous nous faisons gloire, disait Louis XVI au commen-
cement de son règne, précisément dans le préambule d'un
édit, nous nous faisons gloire de commander à une nation
généreuse et libre. » Louis XVI assurément consacrait plus
d'heures à ses travaux de serrurerie qu'à la lecture de Platon; mais l'antique tradition avait été recueillie par la magistrature, et peu à peu, passée en habitude, s'était imposée
même au pouvoir royal.

Tocqueville, dans un curieux chapitre de son beau livre
sur l'*Ancien Régime et la Révolution*, se demande quelle

espèce de liberté se rencontrait sous l'ancien régime, et prend une loupe pour la découvrir. Nul doute qu'il n'y ait eu, même sous la tyrannie, de grands cœurs, des âmes héroïques où la liberté trouva son asile naturel; mais ce n'est pas de ces hommes rares et privilégiés qu'il s'agit : des qualités individuelles ne forment pas une institution. La liberté avait trouvé un autre refuge dans la constitution de la justice : « Nous étions devenus un pays de gouvernement absolu par nos institutions politiques et administratives, mais nous étions restés un peuple libre par nos institutions judiciaires. » Que la justice de l'ancien régime fût compliquée, lente et coûteuse, rien n'est plus vrai; mais il est vrai aussi que la magistrature, en corps, était intègre, indépendante et entretenait religieusement le respect du droit et de la loi. Le magistrat motivait scrupuleusement ses arrêts; cette habitude devint en quelque sorte nationale; ce besoin des esprits s'enracina si profondément que le roi se crut à la fin obligé de motiver ses édits et d'exposer ses raisons avant de conclure. C'était prendre la raison pour arbitre suprême entre le peuple et lui, la raison qui devint dès l'origine l'inspiratrice et la vraie déesse de la Révolution. Malebranche avait appelé les philosophes *les vicaires de la raison :* les législateurs de 1789 s'appliquèrent à mériter ce nom. Et tel aussi avait été le rôle de ces *Encyclopédistes,* les Dalembert, les Diderot, qui, dans leur œuvre de vulgarisation philosophique et de combat, avaient exercé une sorte de magistrature de l'opinion publique, désormais reine du monde.

Une idée de l'antiquité conservée à travers les âges, recueillie par nos magistrats, subie par le pouvoir royal, finissant par conquérir tous les esprits, parce qu'elle est juste et fondée sur la nature et la dignité de l'homme, telle est donc l'origine de la Déclaration des droits : notre première constitution ne devait pas être *octroyée,* fût-ce par la représen-

tation nationale, il fallait qu'elle se réclamât avant tout de
la raison et du droit. L'obéissance du citoyen ne sera plus
une consigne et une docilité passive, mais une obéissance
consentie et d'autant plus sûre. Qu'est-ce que la loi, disait
J.-J. Rousseau, sinon « une déclaration publique et solennelle de la volonté générale sur un sujet d'intérêt commun »?
En obéissant à la loi, le citoyen n'obéit donc qu'à lui-
même dans sa volonté générale, et n'obéir qu'à soi-même,
c'est la définition même et le caractère commun de la liberté
morale et de la liberté civile.

CHAPITRE II

L'INFLUENCE DES HABITUDES D'ESPRIT ET DE LA MÉTHODE

Si le lecteur veut connaître à fond le sens et la portée des principes de 1789, il faut qu'il se résigne à rester encore un instant sur le terrain de la philosophie et qu'il se rende compte du fait suivant : s'il y avait eu quelque liberté reconnue et inscrite dans une constitution, elle eût servi sans doute de point d'appui ou de levier pour en conquérir d'autres; mais il n'y avait en présence que deux principes également absolus : d'un côté, le bon plaisir du roi plus ou moins dissimulé dans la forme; de l'autre, le droit du peuple, pressenti plutôt que proclamé. La Révolution ne pouvait donc se faire qu'au nom des principes et de la raison, car le droit historique ou traditionnel devait apparaître comme la négation du droit nouveau. Un philosophe, pour soulever le monde, demandait un point d'appui et un levier; il fallait aussi un point d'appui aux constituants pour transformer l'ancien monde; et comme ils ne le trouvaient pas dans quelque liberté antérieure reconnue, non octroyée, ils le cherchèrent dans la pure raison, et avec la méthode des philosophes qui leur avaient imprimé des habitudes d'esprit ineffaçables.

C'est dans ces habitudes d'esprit, dans cette discipline de

la méthode, qu'il faut chercher, beaucoup plus que dans d'éloquentes mais impuissantes protestations, la source profonde d'où jaillirent les principes de 89. Voilà pourquoi cette rapide revue des antécédents historiques et philosophiques de la Déclaration n'a pas besoin d'être complète et érudite. On regretterait pourtant de passer sous silence le livre fameux de La Boétie, le *Contr'un ou la Servitude volontaire*. L'idée du droit égal pour tous s'y trouve affirmée avec une singulière éloquence : « Nature a fait les hommes de même forme et à même moule, afin qu'ils puissent s'entre-reconnaître comme compagnons et frères. Elle n'a pas envoyé ici-bas les plus forts et les plus avisés comme des brigands dans une forêt pour gourmander les plus faibles, mais plutôt faut-il croire que, faisant aux uns la part plus grande, aux autres plus petite, elle a voulu faire place à la fraternelle assistance, afin que cela eût à s'appliquer, les uns ayant puissance de donner et les autres besoin de recevoir. » Mais ces virulentes déclamations ne prennent d'importance que lorsque l'esprit public est préparé.

La Révolution était virtuellement commencée dès 1637, année de la publication du *Discours de la méthode* de Descartes. Plus d'autorité, des raisons, disait le rénovateur des sciences et de la philosophie ; nous sommes tous égaux devant la vérité ; nous ne devons accepter comme vrai que ce qui est parfaitement clair et évident ; secouons donc le joug des siècles et jetons par terre l'édifice de nos connaissances, pour le reconstruire sur un nouveau plan, après les avoir *ajustées au niveau de la raison*. Qui m'arrêterait ? disait Descartes ; je bâtis « dans un fonds qui est tout à moi », et il m'est bien permis d'écarter le sable et la boue jusqu'à ce que j'aie rencontré le roc et l'argile qui doivent porter l'édifice. Il est vrai que Descartes se défendait de vouloir réformer l'État : on ne détruit pas une ville pour la rebâtir sur un plan plus régulier, disait-il, et ces grands corps une fois ébranlés sont trop difficiles à rétablir pour qu'un particulier ose y porter une main profane. Né chrétien et Français, Descartes savait que certains grands sujets lui étaient interdits, comme le dira plus tard La Bruyère. Mais le principe était posé : un jour viendra où la France voudra, elle aussi, rejeter les vieux préjugés, bâtir dans un fonds qui est tout à elle et asseoir l'édifice sur le roc, c'est-à-dire sur la raison et ses principes éternels. Voilà l'histoire philosophique de l'idée révolutionnaire dont l'instrument, donné aussi par Descartes, sera l'analyse. Prenons un exemple : que devait faire le législateur de 1789? Des lois, dira-t-on ; mais les lois supposent une constitution dont elles sont les applications particulières et dont elles sortent par déduction; il est donc impossible de commencer par les lois, si urgentes qu'elles paraissent, impossible au nom de la logique, car la prati-

J.-J. ROUSSEAU

que pourrait passer outre, et Descartes lui-même en avait donné l'exemple en établissant sa morale provisoire. Commencerons-nous donc par la constitution? Mais la constitution elle-même n'est qu'une application à un peuple donné et dans des circonstances déterminées des principes de la raison : lois et constitutions ne sont que les branches et le tronc; il faut d'abord remuer la terre autour des racines de l'arbre. Ainsi leurs habitudes d'esprit poussaient nos pères à suivre en politique une méthode de déduction rigoureuse, qu'on leur a durement reprochée : courir au plus pressé, c'est peut-être une bonne maxime en temps ordinaire; mais qui nous prouve que l'œuvre de la Consti-

tuante n'eût point paru à la majorité des Français dénuée
de toute autorité? Elle s'adressait à des hommes façonnés
eux aussi par un siècle d'analyse, et il eût été peu politique
de lutter contre ces habitudes d'esprit et d'essayer de remonter le courant : les chemins les meilleurs sont souvent
les plus courts, en dépit des apparences. Vous reprochez
donc à nos pères d'avoir été de leur temps; et quand il
arrive à Taine d'appeler l'œuvre de la Constituante un
chef-d'œuvre de raison spéculative et de déraison pratique, il méconnaît entièrement l'influence du *milieu* et du
moment.

Le triomphe de la méthode de Descartes en politique
avait été le *Contrat social* de Rousseau. Au plus profond de
nous-mêmes, Descartes avait trouvé les *idées innées*, qui lui
servaient à reconstruire la science; au plus profond de la
conscience sociale, Rousseau trouvait l'*état de nature* et le
contrat qui lui servaient à rééditier la société. Il y a une
manière bien simple de comprendre l'état de nature : c'est
de faire semblant de prendre au sérieux la boutade de Voltaire déclarant à Rousseau que ses livres donnent envie « de
marcher à quatre pattes », mais qu'il y a plus de soixante
ans qu'il en a perdu l'habitude et qu'il laisse cette allure
naturelle à ceux qui en sont plus dignes que Rousseau et
lui. L'état de nature n'est pas un état historique, un âge
d'or, c'est l'homme simplifié et ramené à ce qu'il y a d'essentiel en lui : la raison et les besoins; le contrat n'a pas
été conclu et signé à un jour donné, et les sociétés ne se sont
point fondées sur une convention : Rousseau le sait, le répète à chaque page, et ses adversaires s'obstinent encore à
lui attribuer ces inepties! État de nature, contrat social, ce
sont là les résultats de l'analyse appliquée aux sociétés : ce
sont les idées innées transportées de la philosophie dans la
science sociale, et c'est en partant de la notion de l'homme
tel qu'il est naturellement, et de la notion de la société telle

qu'elle résulte de l'union des volontés, qu'on pourra réformer l'État.

Rêve de l'âge d'or, apologie de l'état sauvage! On rougit vraiment de la persistance des critiques à condamner Rousseau en lui prêtant leurs propres visions. Ne répète-t-il pas à chaque page que l'état de nature n'a jamais existé et qu'aucune société ne s'est fondée par un contrat exprès? Mais Bluntschli et les autres écrivains politiques allemands continueront à le réfuter et à triompher de lui jusqu'à la consommation des siècles. Qu'ils lisent donc cette description de l'âge d'or extraite d'un manuscrit de Rousseau conservé à la bibliothèque de Genève : « La terre serait couverte d'hommes entre lesquels il n'y aurait presque aucune communication; nous nous toucherions par quelques points sans être unis par aucun; chacun resterait isolé parmi les autres, chacun ne songerait qu'à soi; notre entendement ne saurait se développer, nous vivrions sans rien sentir, nous mourrions sans avoir vécu, tout notre bonheur consisterait à ne pas connaître notre misère. » Étrange apologie! que ne convient-on qu'on s'est trompé et qu'on a pris pour l'idéal de Rousseau ce qui n'est à ses yeux qu'un point de départ, purement théorique, et un artifice de construction, comme ces plans d'une charpente compliquée qu'un habile ouvrier trace sur le sol avant de choisir les pièces de bois et de donner le premier coup de hache ou de rabot? Rousseau a dit simplement que les hommes naissent nus et vivent habillés, mais que c'est la structure de leur corps qui doit déterminer la forme de leurs vêtements et qu'il en faut tenir le plus grand compte sous peine de les déguiser et de les travestir. On n'a pas assez remarqué que nul plus que Rousseau n'a insisté sur cette idée qu'une bonne éducation doit donner à l'âme de l'enfant « la forme nationale ».

Mais Rousseau et Montesquieu enseignent aussi : celui-ci, qu'il y a des lois indépendantes des circonstances de temps

et de lieu, et qui dérivent de la nature même des choses;
celui-là, que la volonté générale, distincte de la volonté de
corps et de la volonté individuelle (car chaque citoyen a
réellement trois volontés, il veut son intérêt propre, l'intérêt du corps auquel il appartient, magistrature, noblesse,
bourgeoisie, prolétariat, armée, et enfin l'intérêt général
de l'État), coïncide exactement avec la raison universelle. Et
c'est ce que traduisaient à Vizille, dès 1788, les représentants du Dauphiné, écrivant en quelque sorte, dans ces
remontrances qu'ils qualifiaient de *très respectueuses repré-
sentations*, la préface de la Révolution : « Quelle que soit
la constitution de l'État, en quelques mains que soit placé
l'exercice de la législature, *la loi doit être l'expression de
la volonté générale...* Le despotisme s'établit quand le
monarque emploie, pour faire exécuter ses *volontés particulières*, la force publique dont il n'a reçu le dépôt que
pour faire exécuter les lois... Ni le temps ni les lieux ne
peuvent légitimer le despotisme; *les droits des hommes
dérivent de la nature seule* et sont indépendants de leurs
conventions. »

On saisit ici, sous la plume de Mounier, qui rédigea ces
remontrances, la collaboration posthume, si j'ose dire, de
Montesquieu et de Rousseau. Et Rousseau lui-même, si
partisan qu'il soit de la méthode déductive en politique,
méthode justifiée à ses yeux par l'idée même du contrat
initial, se rapproche singulièrement de Montesquieu par
le fait même qu'il conçoit l'État sur le type pour ainsi dire
juridique. Il n'ignorait pas cette conception très en faveur
de nos jours qui fait de l'État un *organisme*. C'est ainsi que,
dans le *Discours sur l'économie politique*, il développe com-
plaisamment les analogies de l'État, qui est un vivant, avec
les organismes vivants : « Le corps politique, pris indivi-
duellement, peut être considéré comme un corps organisé,
vivant et semblable à celui de l'homme. Le pouvoir souve-

rain représente la tête, les lois et les coutumes sont le cerveau, principe des nerfs, ce siège de l'entendement, de la volonté et des sens, dont les juges et les magistrats sont les organes, etc. » Nous n'avons ni à juger ni à concilierles théories du *contrat social* et de l'*organisme social;* mais il fallait signaler ce fait que cette dernière ne fut nullement étrangère à la philosophie politique du xviiie siècle. Le contrat me donne une idée plus haute, semble-t-il, de ma dignité individuelle et de ma valeur morale. L'organisme fait de chacun de nous une sorte de cellule, ou bien le globule sanguin qui circule et chemine dans les veines et les artères, en attendant d'être éliminé. Il ne faut pas qu'une classe de citoyens s'arroge exclusivement le noble rôle de penser comme le cerveau, ou l'agréable fonction de digérer comme l'estomac. L'homme d'État est légiste : si, par surcroît, il est médecin, il ne faut pas s'en plaindre; mais on fera bien toutefois de se souvenir du mot de l'empereur romain mourant : « Je meurs de trop de médecins ! »

CHAPITRE III

L'EXEMPLE DES AMÉRICAINS

La Déclaration n'aurait pas, pour parler comme Louis Blanc, « le grave caractère et la grandeur épique » qui la distinguent, si elle n'était essentiellement, comme on vient de le voir, le résultat naturel du mouvement philosophique de deux des plus grands siècles de notre histoire et certainement de l'humanité. Il est bien puéril de voir dans cette préface métaphysique de la Révolution une fantaisie de législateurs : ce n'est pas un caprice qui l'a dictée, c'est une loi impérieuse de l'esprit humain, un rapport nécessaire résultant de la nature des choses. Cela est si vrai qu'à la même époque les Américains, de race anglo-saxonne, positive, pratique, inauguraient de la même manière leur émancipation. Nos idées avaient traversé les mers et fait des conquêtes plus durables que nos armes. La déclaration américaine parut en Europe un fait singulier; en France elle acheva de convaincre. Seulement la différence était grande entre les deux pays : là, un sol vierge, une nation jeune, pas d'aristocratie ni de classe privilégiée, point de coutumes gothiques et féodales; on n'avait qu'à tendre la main pour ressaisir les libertés primitives, dès que l'Anglais serait expulsé; ici, un peuple courbé sous le poids d'abus sécu-

laires, de préjugés tenaces et de passions plus tenaces en
core, trois ordres ou plutôt trois nations sur le même sol,
quatorze siècles d'oppression, et, pour lutter contre tant

LE MARQUIS DE LA FAYETTE
Député de la noblesse d'Auvergne en 1789.

d'obstacles, une seule arme, la raison. N'importe; en dépit
de ces différences nombreuses et profondes, le procédé
d'émancipation fut le même, et l'Amérique nous donna
l'exemple : là une Sécession, ici une Révolution, débutant
l'une et l'autre par une Déclaration des droits. Ministre des
États-Unis à Paris, Jefferson écrivait à un ami en 1787 :

« Un peuple est autorisé à exiger d'un gouvernement quel-
conque, général ou particulier, une Déclaration des droits :
c'est une chose qu'un gouvernement juste ne doit pas refuser ni laisser à la merci des inductions. » Les Américains
d'aujourd'hui n'ont ni désavoué ni raillé leurs ancêtres :
ouvrez un de leurs livres classiques, le premier venu, vous y
trouverez le texte de la Déclaration; entrez dans une école
primaire, vous entendrez interroger sur les articles de la
Déclaration, et vous remarquerez de plus que les maîtres
ont mission de l'expliquer, mais avec un ordre exprès de ne
point imposer leur interprétation; le citoyen américain doit
la connaître, c'est la seule chose obligatoire, et il conserve
vis-à-vis du texte la même liberté que tout protestant réclame vis-à-vis de la Bible.

Mais peut-être cette déclaration américaine, non pas
mère, mais sœur aînée de la nôtre, car toutes deux sont
filles de la philosophie française, est-elle fort différente de
la déclaration française, et aussi pratique et positive que la
nôtre est, dit-on, théorique et abstraite? Ce lieu commun
est une erreur absolue, et cela dérangera peut-être les habitudes routinières de certains écrivains qui se croient éman-
cipés et donnent volontiers dans le paradoxe. Je relis la
déclaration d'indépendance votée en juillet 1774 par le congrès américain de Philadelphie, et j'y découvre trois caractères principaux : une généralité ou plutôt une universalité
indiscutable, puisqu'elle enseigne que « tous les hommes
ont été créés égaux et doués par le Créateur de droits inaliénables »; un caractère philosophique nullement dissimulé, puisqu'elle se fonde sur l'analyse de la nature humaine
et sur l'énumération des fins qu'elle poursuit, « la vie, la
liberté, le bonheur »; une hardiesse théorique qu'il est difficile de dépasser, puisqu'elle proclame que les gouvernements « ne tirent leur juste pouvoir que du consentement
des gouvernés » et que « c'est le droit du peuple de chan-

ger et de détruire le gouvernement et d'en constituer un nouveau ». Je remarque même que notre Constituante, redoutant sans doute les conséquences socialistes qu'on pourrait en tirer, n'a pas osé mettre au nombre des fins constatées de l'homme en société la « poursuite du bonheur ». En tous cas, rayons de nos dissertations politiques ces deux propositions consacrées : que les Américains n'ont fixé dans leur Déclaration que des droits américains et sont restés absolument indifférents aux droits universels du genre humain; et que la Constituante a négligé les circonstances et le droit historique, pour fonder un droit qu'on appelle rationnel et humain, pour ne pas le nommer chimérique. Nous verrons bientôt que cette dernière assertion est justement le contraire de la vérité; pas un droit défini dans notre Déclaration qui ne

TURGOT

vise directement un abus fort réel et une tyrannie qui n'avait rien de chimérique, car elle pesait d'un poids bien lourd sur le tiers état.

Il était donc dans l'ordre naturel des choses que le héros populaire de la guerre de l'indépendance américaine fût le premier en France qui portât à la tribune un projet de déclaration des droits. C'est ce qui arriva le 11 juillet : La Fayette signala très nettement les deux avantages d'un pareil acte, qui sont « de rappeler les sentiments que la nature a gravés dans tous les cœurs » et « d'exprimer ces vérités éternelles d'où doivent découler toutes les institutions ». A

certains signes il est facile de reconnaître que nous avons
repassé l'Atlantique : La Fayette écrit *la nature* où les protestants d'Amérique écrivaient *le Créateur;* il montre une
confiance ou plutôt une illusion qui étonne chez un lieutenant de Washington, quand il dit que « pour qu'une nation
aime la liberté il suffit qu'elle la connaisse, et que pour
qu'elle soit libre il suffit qu'elle le veuille »; enfin il té-
moigne de cette confiance illimitée dans la puissance de la
raison et du raisonnement qui fut le propre du xviii° siècle,
quand il déclare que la Déclaration sera le « guide fidèle qui
ramènera toujours les représentants à la source du droit
naturel et social ». On ne doit jamais oublier que Turgot
avait tenté de réformer l'État en s'appuyant sur le droit historique, et que l'entreprise avait échoué lamentablement :
fallait-il recommencer, et pouvait-on espérer réussir où ce
grand homme avait sombré, et en employant les mêmes
moyens? Des réformes peuvent s'appuyer sur le droit historique, bien qu'il ne soit souvent que la constatation d'anciens
abus érigés en lois; mais une révolution veut un principe
plus haut : il faut qu'elle allie au sens historique du relatif
le sens philosophique de l'absolu. Aussi l'idée même de la
Déclaration fut-elle immédiatement acceptée, et Champion
de Cicé, rapporteur du comité de constitution, disait le
27 juillet, aux applaudissements unanimes de l'assemblée :
« Cette noble idée, conçue dans un autre hémisphère, devait
de préférence se transplanter d'abord parmi nous. Nous
avons concouru aux événements qui ont rendu à l'Amérique septentrionale sa liberté : elle nous montre sur quels
principes nous devons appuyer la conservation de la nôtre;
et c'est le nouveau monde, où nous n'avions autrefois apporté
que des fers, qui nous apprend aujourd'hui à nous garantir
du malheur d'en porter nous-mêmes. » Nous avions aussi
porté en Amérique, avec les idées de nos écrivains, le plus
sûr ferment de la liberté.

A vrai dire, la France ne faisait que reprendre son bien où elle le retrouvait : c'est la doctrine de ses philosophes qui lui revenait à travers l'Atlantique et qu'elle reconnaissait. La théorie des droits de l'homme était une théorie essentiellement française, œuvre de nos philosophes du XVIIIᵉ siècle, qui l'avaient déjà *déclarée* avec éclat. Que le lecteur médite la *Déclaration d'indépendance* votée en juillet 1774 par le congrès de Philadelphie et qui contient en principe les déclarations particulières des treize États qui formèrent primitivement la confédération, et qu'il la compare à la Déclaration de la Constituante, il se convaincra aisément qu'elles sont filles toutes deux de la même pensée philosophique, qu'elles ont pour ancêtres communs nos Montesquieu et nos Turgot, nos Voltaire et nos Rousseau. En voici le texte : « Nous tenons pour évidentes par elles-mêmes les vérités suivantes : que tous les hommes ont été créés égaux; qu'ils ont été doués par le Créateur de droits inaliénables entre lesquels sont la vie, la liberté et la poursuite du bonheur; que pour assurer ces droits, les gouvernements ont été institués parmi les hommes, tirant leur juste pouvoir du consentement des gouvernés; que, s'il arrive que quelque forme de gouvernement devienne destructive de ces fins, c'est le droit du peuple de changer et de détruire ce gouvernement et d'en instituer un nouveau, ayant pour fondements ces principes, et d'organiser les pouvoirs de la manière qui leur semble la plus convenable pour assurer leur sécurité et leur bonheur. La prudence, à la vérité, dicte aux hommes que des gouvernements établis depuis longtemps ne peuvent être changés pour des causes légères et transitoires; et, par le fait, l'expérience a montré que les hommes sont plus disposés à souffrir leurs maux quand ils sont supportables, que de s'en délivrer en abolissant la forme de gouvernement à laquelle ils sont accoutumés. Mais lorsqu'une longue suite d'abus et d'usurpations, inva-

riablement dirigés vers le même objet, manifeste le des-
sein de les réduire à un absolu despotisme, c'est alors leur
droit et même leur devoir de rejeter de tels gouvernements et de chercher de nouvelles garanties pour leur fu-
ture sécurité. »

CHAPITRE IV

Chargé de résumer, au nom du comité de constitution, les vœux des cahiers, le comte de Clermont-Tonnerre, qui avait prononcé le 13 juillet la parole solennelle : « La constitution sera ou nous ne serons plus, » présenta son rapport le 27 juillet et mit en pleine lumière les vœux des cahiers. Tous sont d'accord sur ce point qu'ils veulent la réorganisation de l'État. Mais se fera-t-elle par la réforme des abus et la restauration d'une constitution vieille de quatorze siècles et qui peut-être pourrait revivre encore « si l'on réparait les outrages que lui ont faits le temps et les nombreuses insurrections de l'intérêt personnel contre l'intérêt public »? Bien des cahiers le mettent en doute et regardent le régime social comme tellement vicié et corrompu, qu'il faut non pas réparer, mais briser à jamais le moule de la vieille société : « Ceux-là, Messieurs, ont cru que le premier chapitre de la constitution devait contenir la Déclaration des droits de l'homme, de ces droits imprescriptibles pour le maintien desquels la société fut établie. La demande de cette Déclaration des droits de l'homme si constamment méconnus est, pour ainsi dire, la seule différence qui existe entre les cahiers qui désirent une constitution nouvelle et ceux qui ne demandent que le rétablissement de ce qu'ils regardent comme la constitution existante. » Voilà donc la question nettement posée par les cahiers : réforme ou révolution, il faut opter ; et l'on voit avec la dernière évidence que la Déclaration est si peu un hors-d'œuvre, qu'elle constitue la seule différence fondamentale entre des améliorations de détail octroyées par grâce, et un régime tout nouveau réclamé et exigé comme un droit.

Où donc était-elle, cette prétendue constitution qu'on aurait dû remanier et perfectionner? Sans doute, Mounier disait très justement, le 9 juillet, que les Français n'étaient pas un peuple nouveau sorti récemment du fond des forêts pour former une société, mais une association de vingt-quatre millions d'hommes résolus à resserrer les liens qui les unissaient. Or, parcourant à grands pas notre histoire, il cherchait une constitution, des garanties, le type et le modèle de la liberté, et ne le trouvait pas, d'où il concluait qu'il ne fallait pas songer à imiter, mais à innover. Était-il, ce modèle de la liberté, dans les champs de mai de la première et de la seconde race, où tous les hommes libres se rendaient en armes? Liberté bien orageuse et bien précaire, qui conduisait vite à l'anarchie par le droit du plus fort, et d'ailleurs supposait au-dessous des hommes libres toute une population d'esclaves ou de serfs attachés à la glèbe. Était-il dans l'aristocratie féodale, instrument d'oppression, cause permanente de ruine pour le peuple? Était-il dans ces états généraux rarement convoqués, divisés en trois ordres ennemis, en trois nations rivales, dont les disputes finissaient toujours par consolider l'esclavage qu'on voulait détruire? « Choisirons-nous le temps qui s'est écoulé depuis 1614, c'est-à-dire celui où tous les droits ont été méconnus, où le pouvoir arbitraire a lassé la nation et ses représentants? Alors, pourquoi serions-nous rassemblés? pourquoi aurions-nous accepté la confiance de nos commettants? »

Pourtant Mounier ne voulait pas que la Déclaration fût
séparée de la Constitution : elles devaient, dans sa pensée,
faire corps l'une avec l'autre, parce que, si les principes
n'étaient pas accompagnés des conséquences, « ils permet-

JOSEPH MOUNIER
(gravure anglaise).

traient d'en supposer d'autres que celles qui seront admises
par l'Assemblée ».

Voilà donc tout d'abord trois opinions en présence : pas
de Déclaration, mais un retour à l'ancienne constitution
française pour l'améliorer; une Déclaration, mais faisant
corps avec la constitution nouvelle, pour éviter toute supposition arbitraire et tout désordre; enfin une Déclaration sépa-

rée, pour annoncer aux Français leur affranchissement et
poser les principes d'où sortiront la constitution et les lois.
Les railleurs ne manquaient pas non plus, et affectaient de
voir dans la Déclaration un acte moins dangereux que pompeusement inutile. Nul, en tout cas, ne se désintéressait de
la lutte, et le 1er août cinquante-six orateurs s'étaient fait
inscrire pour ou contre le projet. Le journal *le Point du
jour* nous apprend que le 20 août « les articles de cette Déclaration s'étaient augmentés depuis seize jusqu'à soixante-
quatorze ».

La première bataille fut vite gagnée : avec la Bastille était
tombé le semblant, l'ombre de la constitution que des yeux
perçants croyaient discerner dans l'ancienne France, ce
prétendu droit historique dont le vrai nom était despotisme.
La seconde, entre les prudents et les audacieux, fut plus
longtemps indécise; il y eut des défections, notamment
celle de Mirabeau, mais il ne s'agissait après tout que d'une
question d'opportunité. Deux choses surtout méritent d'ê-
tre notées avec soin : la plupart des articles de la Déclaration furent votés à la presque unanimité, et l'Assemblée
accomplit alors la partie la plus durable de son œuvre, celle
qui survit au naufrage de toutes nos constitutions. C'est
encore le phare qui nous guide et nous rend l'espoir et le
courage après nos tempêtes civiles. Ajoutons que les dis-
sentiments de l'assemblée sur le principe même de la Déclaration se réduisaient à bien peu de chose. On ne trouve
pas d'autres arguments dans la bouche des adversaires du
projet que ceux-ci mille fois répétés : « Ces droits, disaient-
ils, sont gravés dans nos cœurs par la nature; à quoi bon
les rappeler et les énumérer pompeusement? cela va sans
dire; » à quoi l'on répliquait que cela irait encore mieux
en le disant, et que ces droits si bien gravés dans les cœurs
par la nature avaient été singulièrement altérés et effacés
par la tyrannie. Lieux communs! ne cessaient de répéter

les premiers, quand ils n'ajoutaient pas : Billevesées philosophiques ! Le comte de Castellane, le 1er août, se chargea
de prouver, non sans éloquence, que ces prétendus lieux
communs avaient été étrangement oubliés par le pouvoir :
« Je le demande, Messieurs, est-il une nation qui ait plus
constamment méconnu les principes d'après lesquels doit
être établie une bonne constitution ? Si l'on excepte le règne
de Charlemagne, nous avons été successivement soumis aux
tyrannies les plus avilissantes. A peine sortis de la barbarie, les Français éprouvent le régime féodal, tous les malheurs combinés que produisent l'aristocratie, le despotisme
et l'anarchie ; ils sentent enfin leurs malheurs ; ils prêtent
au roi leurs forces pour abattre les tyrans particuliers ; mais
les hommes aveuglés par l'ignorance ne font que changer
de fers ; au despotisme des seigneurs succède celui des
ministres. Sans recouvrer entièrement la liberté de leur
propriété foncière, ils perdent jusqu'à leur liberté person-
nelle ; le régime des lettres de cachet s'établit ; n'en doutons pas, Messieurs, l'on ne peut attribuer cette détestable
invention qu'à l'ignorance où les peuples étaient de leurs
droits. Jamais, sans doute, ils ne l'auront approuvée, jamais
les Français, devenus fous tous ensemble, n'ont dit à leur
roi : *Nous te donnons une puissance arbitraire sur les personnes ; nous ne serons libres que jusqu'au moment où il te
conviendra de nous rendre esclaves, et nos enfants seront
esclaves de tes enfants ; tu pourras à ton gré nous enlever à
nos familles, nous envoyer dans des prisons où nous serons
confiés à la garde d'un geôlier choisi par toi, qui, fort de
son infamie, sera lui-même hors des atteintes de la loi. Si le
désespoir, l'intérêt de ta maîtresse ou d'un favori, convertit
pour nous en tombeau ce séjour d'horreur, on n'entendra
pas notre voix mourante ; tu seras notre accusateur, notre
juge et notre bourreau.* Jamais ces exécrables paroles n'ont
été prononcées. »

J'ai tenu à mettre tout le passage sous les yeux du lecteur : quelle réponse à ceux qui répètent de confiance que ce sont ici des spéculations creuses sur le droit et des généralités sans portée! C'est bien plutôt la chute de la Bastille traduite en lois, l'émotion encore toute vibrante du combat rédigée en maximes.

Mais n'y avait-il pas un danger imminent à proclamer ces mêmes droits que le peuple venait de revendiquer à sa manière et si énergiquement? Plusieurs le pensaient qui, tout en admettant le principe de la Déclaration, faisaient des réserves expresses sur son opportunité : il est difficile d'affirmer qu'ils eussent complètement tort; mais comment discerner la prudence de la lâcheté, et la timidité d'un calcul inavouable? La question se posait ainsi : peut-il y avoir danger d'instruire le peuple, péril à lui faire connaître ses droits? Il est peut-être trop aisé de répondre avec Cabanis, prêtant sa plume à Mirabeau pour un projet d'éducation publique, que ceux qui veulent que le peuple ne sache ni lire ni écrire se sont fait *un patrimoine de son ignorance.* « Loin de nous, s'écriait aussi le comte de Montmorency, ce détestable principe que les représentants de la nation doivent craindre de l'éclairer! » L'évêque de Langres, La Luzerne, répliquait au comte de Castellane : « Mon opinion n'est pas qu'on doive tenir le peuple dans l'ignorance; mais je veux qu'on l'éclaire par des livres, et non par la loi et la constitution. » La distinction était évidemment sophistique[1] : l'évêque aurait dû ajouter que ces livres seront de

1. « Si on veut connaître, dit M. ATLAND, l'opinion de ceux des adversaires de la Déclaration qui ne faisaient pas partie de l'Assemblée, il faut lire l'article de Rivarol dans le *Journal politique national* du 2 août 1789 : *Malheur à ceux qui remuent le fond d'une nation! Il n'est point de siècle de lumière pour la populace; elle n'est ni française, ni anglaise, ni espagnole : la populace est toujours et en tout pays la même, toujours cannibale, toujours anthropophage!...* Il faut remarquer que Rivarol ne conteste pas absolument la vérité des principes dont il redoute l'application. » (*La Révolution française,* 1898, p. 140.) — Dans la séance du 3 août, Malouet indiqua avec force les

gros livres et que, pour plus de sûreté, ils devront être écrits en latin! Il ajoute que des principes parlent à la raison, pour la convaincre; mais que les lois s'adressent à la volonté pour la soumettre; sans doute, mais ma volonté doit se conformer à ma raison, et si vous voulez convaincre ma raison, donnez-moi des raisons. La constitution ne s'adresse

VICTOR-PIERRE MALOUET
Député d'Auvergne à l'Assemblée nationale en 1789.

pas à des ouailles, mais à des citoyens. Qui croirait que la cour regrettât l'usage humiliant de faire haranguer le Tiers état à genoux, et que, ne voulant pas l'en dispenser expressément, on décida que le président du Tiers ne ferait pas

objections d'ordre politique : « Pourquoi transporter les hommes sur le sommet d'une montagne, et de là leur montrer tout le domaine de leurs droits, puisque nous sommes obligés ensuite de les en faire redescendre, d'assigner les limites, et de les rejeter dans le monde réel, où ils trouveront des bornes à chaque pas? »

de harangue! Que le fidèle reçoive à genoux la parole de
Dieu, soit; mais la constitution et la loi sont paroles humaines, et le citoyen les reçoit respectueusement, mais
debout. Nous ne sommes encore qu'au 1er août, et la Révolution n'est que commencée, mais ces trois mois valent trois
siècles dans notre histoire.

Un long discours de Malouet résuma les arguments des
temporisateurs et en apporta de nouveaux : « Les discussions métaphysiques sont interminables, » disait-il; de
plus, il est dangereux de scinder le droit naturel, objet de
la Déclaration, du droit positif, objet de la Constitution. Le
second argument est spécieux, car il est certain que le droit
naturel est antérieur et supérieur au droit positif : ce qui
est vrai dans l'objection de Malouet, c'est que tout droit
naturel est modifié et limité dès qu'il passe dans le droit
positif, et il y avait là une grave raison de ne point les séparer. Quant à la durée des discussions métaphysiques, qu'y
faire? l'homme est et restera un animal métaphysicien; il ne
renoncera jamais à raisonner sa conduite et les lois; il fera
toujours de la métaphysique comme M. Jourdain faisait de
la prose, sans le savoir. C'est pendant cette mémorable discussion du 1er août que Barnave, après avoir réfuté ceux qui
la trouvaient dangereuse, termina son discours par ce mot
si juste : « Il faut que la Déclaration soit simple, à la portée de tous les esprits, et qu'elle devienne le *catéchisme
national.* »

Enfin, le 3 août, le comte d'Entraigues rétorqua vigou-
reusement contre ses auteurs l'argument de ceux qui
taxaient d'imprudence la Déclaration : « La Déclaration est
indispensable, s'écria-t-il, afin que si le Ciel, dans sa colère,
nous punissait une seconde fois du fléau du despotisme, on
pût au moins montrer au tyran l'injustice de ses prétentions,
ses devoirs et le droit de ses peuples. » Parole prophétique :
par une cruelle ironie du sort, la constitution dura juste la

moitié du temps qu'on avait mis à l'écrire, et on y avait mis deux ans, tandis que la Déclaration, en dépit des « colères du Ciel » souvent subies depuis un siècle, n'a jamais cessé d'éclairer notre conscience nationale et de nous relever de nos plus lourdes chutes.

Il ne faut pas oublier qu'on faisait également au projet des objections morales, si l'on peut dire, plus encore que politiques. C'est ainsi que l'abbé Grégoire, le 4 août, développa cette idée que, les droits et les devoirs étant corrélatifs, il était nécessaire de faire une Déclaration des devoirs pour retenir les citoyens dans la limite de leurs droits. Camus l'approuva et proposa un amendement dans ce sens. Lubersac, évêque de Chartres, était même d'avis que « l'expression flatteuse de droits » devait être « adroitement ménagée » et accompagnée de celle de devoirs, qui lui servirait « de correctif »; il insinuait en outre qu'il était nécessaire de mettre « à la tête de cet ouvrage quelques idées religieuses noblement exprimées ». L'amendement de Camus fut néanmoins repoussé par 570 voix contre 433. On sait que la Convention essaya plus tard de combler cette lacune en formulant une déclaration des devoirs : la Constituante ne se crut pas appelée à publier un traité complet de morale sociale.

Après l'admirable élan de générosité et de patriotisme qu'on appelle la nuit du 4 août, il était urgent de formuler en lois et en décrets l'abandon spontané des privilèges : disons-le à la honte de l'égoïsme humain, l'enthousiasme était refroidi, et il fallut de laborieuses discussions pour empêcher tout retour sur la parole donnée; on ne reprit donc la discussion des droits de l'homme et du citoyen que le 17 août; mais, par un revirement inattendu qui fit l'effet d'un véritable coup de théâtre, Mirabeau, qui s'écriait ce jour-là : « C'est pour nous, c'est pour nos neveux, c'est pour le monde entier que vous travaillez! » s'efforça le lendemain de faire revenir l'As-

semblée sur le vote du 4 août et de lui faire rapporter son
décret concernant la Déclaration. Ce fut un grand scandale;
le puissant orateur tint tête à l'orage et repoussa d'un ton
méprisant ces coups « lancés, disait-il, de bas en haut », tout
en faisant de lui-même une hautaine apologie : « Sans doute,
pendant le cours d'une jeunesse orageuse, par la faute des
autres, et surtout par ma propre faute, j'ai eu de grands
torts, et peu d'hommes ont, dans leur vie privée, donné plus
que moi prétexte à la calomnie, pâture à la médisance; mais
j'ose vous en attester tous : nul écrivain, nul homme public
n'a plus que moi le droit de s'honorer de sentiments coura-
geux, de vues désintéressées, d'une fière indépendance, d'une
uniformité de principes inflexible. » Que s'était-il donc
passé dans l'âme de ce Caton inflexible et désintéressé qui
se faisait un piédestal de trente volumes publiés? Pourquoi
l'audacieux tribun se rangeait-il tardivement à l'avis des
prudents et des timorés, et où donc avait-il trouvé son che-
min de Damas? — Je remarque d'abord une inquiétante
analogie entre ses raisons et celle que Louis XVI donnait, le
5 octobre suivant, pour refuser son approbation : « Je ne
m'explique point, disait le roi dans une lettre à la Constituante, sur votre Déclaration des droits de l'homme et du
citoyen; elle contient de très bonnes maximes, propres à
guider vos travaux; mais des principes susceptibles d'applications différentes ne peuvent être justement appréciés
et n'ont besoin de l'être qu'au moment où leur véritable
sens est fixé par les lois auxquelles ils doivent servir de
première base. » On se passa de l'approbation royale :
l'Assemblée déclara que les actes constitutionnels n'étaient
pas soumis à la sanction, et Louis XVI céda. — Je constate
ensuite que Mirabeau fut trop habile dans son argumentation et qu'il employa des moyens qui ne brillent pas, semble-t-il, par une bonne foi parfaite : il lut un article qu'il
avait lui-même proposé dans le Comité des cinq, élu tout

exprès pour préparer un projet de Déclaration, article qui
fut repoussé avec raison par ses quatre collègues, car il
conduisait tout droit à l'anarchie, et « rien ne peut consoler
des maux de l'anarchie disait justement Mirabeau, que la
certitude qu'elle ne peut durer ». Cet article portait que
tout citoyen a le droit d'avoir chez lui des armes et de s'en
servir « soit pour la défense commune, soit pour sa propre
défense ». Pousser une mesure à l'extrème pour la faire
rejeter comme absurde, nous connaissons cette belle tactique parlementaire; et nous savons aussi que, sous une
monarchie, le député qui veut devenir premier ministre
commence à songer aux droits du roi autant pour le moins
qu'aux droits du peuple. Cette fois, Mirabeau fut battu; la
volonté nationale triomphait contre lui, après avoir si souvent triomphé avec lui.

CHAPITRE V

Traditions antiques et platoniciennes vaguement conser-
vées ; formes judiciaires usitées dans les considérants des
jugéments et des arrêts et devenues jusque dans le peuple
une seconde nature ; réaction énergique et indignée contre
la formule du bon plaisir ; habitudes philosophiques con-
sistant à creuser jusqu'aux premiers principes, idées innées
ou contrat social ; exemple récent et populaire des Américains ; vœux nombreux et très explicites des cahiers : telles
étaient les causes qui concouraient à donner à l'idée de la
Déclaration des droits de l'homme et du citoyen une impulsion qui devait briser toutes les résistances et avoir raison
de tous les arguments, sincères ou calculés, dirigés contre
l'acte fondamental de la Révolution. Si les débats préliminaires furent longs, c'est qu'on mit en œuvre tout l'arsenal
des sophismes parlementaires. Je dis sophismes sans aucune
intention d'offenser les adversaires de bonne foi, et simplement parce que Jérémie Bentham me fournit ce mot ; le
droit à l'erreur est assurément le premier des droits du
citoyen et même des assemblées. Bentham, qui compte
quatre sophismes parlemtaires, n'entend parler, bien
entendu, que des principaux : voyons-les à l'œuvre.

C'est d'abord le sophisme de *péril* : L'émeute est à vos portes, et vous délibérez! Vous perdez votre temps en discussions métaphysiques, et vous ne voyez pas que le moindre inconvénient de ces discussions est de perdre votre temps, car vous forgez des armes à l'anarchie! Le peuple

EMMANUEL-JOSEPH SIEYÈS
Député de la ville de Paris à l'Assemblée nationale en 1789.

va invoquer contre vous ces mêmes droits si imprudemment proclamés! — C'est ensuite le sophisme de *confusion* : Est-ce que le droit naturel peut se séparer du droit positif? Il faut donc fondre ensemble la Déclaration et la constitution. Et ce n'est pas tout : les droits impliquent des devoirs corrélatifs; vous voilà donc condamnés, philosophes du Lycée ou de l'Académie, à promulguer tout un système de morale! — Le sophisme de *dilation* se présente comme une suprême ressource : Attendez que les esprits soient apaisés, parfaitement calmes; débutez par de bons décrets, des lois irréprochables dont nous avons besoin, et laissez là votre Déclaration dont nous n'avons que faire. C'est peut-être essayer de faire tenir la pyramide la pointe en bas, mais vous n'en aurez que plus de mérite. En tout cas, rejetez le projet à la fin de vos travaux constitutionnels et même législatifs : d'ici là, « le roi, l'âne ou moi, nous mourrons ! » — Enfin le sophisme d'*autorité* apparaît quand tout semble désespéré, et, s'il ne frappe pas juste, il frappe fort : le plus grand orateur de l'Assemblée se fait un piédestal des immenses services rendus, de l'autorité conquise par cent discours éloquents, et ne craint pas de pousser ses collègues à rétracter une décision qu'il a lui-même conseillée.

Tous ces efforts furent vains : la Constituante, prise en corps, voyait juste et voyait loin, parce qu'elle regardait par les yeux du pays. Jamais plus de lumières ne se trouvèrent réunies dans une seule assemblée, ni de si fiers et si calmes courages.

Il ne restait donc plus qu'à choisir un projet qui servît de base à la discussion. Ils abondaient, et l'on n'avait que l'embarras du choix : outre celui de La Fayette, le premier en date, on pouvait hésiter entre ceux de Sieyès, de Mounier, de Thouret, de Rabaut-Saint-Étienne et dix autres encore, d'inégal mérite, mais presque tous remarquables. On possédait en outre ceux qui avaient été rédigés sur la motion du marquis de Paulette, dans tous les bureaux. Œuvres collectives, ceux-ci avaient plus d'autorité, mais moins de netteté dans la rédaction; car Mirabeau le disait spirituellement : « De toutes les choses humaines, je n'en connais qu'une où le despotisme soit non seulement bon, mais nécessaire : c'est la rédaction; et ces mots *comité* et *rédaction* hurlent d'effroi de se voir accouplés. » Il ne dut donc pas s'étonner de voir repousser le projet du Comité des

cinq dont il faisait partie. On s'arrêta finalement au projet
préparé par le sixième bureau, et la déclaration de Sieyès,
après ce projet, fut celle qui réunit le plus de voix. On ne
voit pas clairement ce qui décida du choix de l'Assemblée ;
toujours est-il que ce fut ce projet du sixième bureau, profondément remanié et presque entièrement transformé,
qui devint notre Déclaration des droits de l'homme et du
citoyen, et, pour parler comme une députation admise
le 25 juillet aux honneurs d'une séance de la Constituante,
« le palladium de nos libertés ».

Dessin de Prudhon, gravure de Copia.

ESTAMPE SYMBOLIQUE DE LA PROMULGATION DES DROITS
DE L'HOMME

DEUXIÈME PARTIE

LES DISCUSSIONS PARLEMENTAIRES

CHAPITRE PREMIER

DE L'ESQUISSE AU TABLEAU

Tous les Français durent éprouver, aux environs de la nuit du 4 août, quelque chose de l'impression que Mᵐᵉ de Staël décrit si bien dans une lettre à Gustave III : « Je me demande si mille ans se sont écoulés depuis un an, depuis un mois, depuis quinze jours. » On représenta, le 1ᵉʳ janvier 1790, une comédie intitulée : *le Réveil d'Épiménide ou les Étrennes de la Liberté*. L'auteur suppose qu'un contemporain de Louis XIV ressuscite après cent ans passés dans le tombeau, et s'étonne de trouver la France et Paris si complètement transformés. Un sommeil d'une année aurait amplement suffi à justifier cet étonnement : plus de Bastille, la cour de Versailles à Paris, la royauté presque aux abois, les trois ordres fondus en une seule nation, les droits féodaux et les vœux monastiques abolis, plus de parlements, plus d'ar-

mée du roi, mais une garde nationale toute-puissante et une
assemblée souveraine. Qu'alors on lui eût mis sous les
yeux les dix-sept articles de la Déclaration : « Les conséquences, eût-il dit, sont merveilleuses, mais nullement mi-
raculeuses, car elles étaient virtuellement dans ces principes; » et s'il eût été un esprit perspicace et pénétrant,
il eût ajouté : « Et ces conséquences ne cesseront pas de
se dérouler progressivement; encore un peu de temps, et la
démocratie qui triomphe avant même de se connaître, la
démocratie en France coulera à pleins bords. »

On disait, sous l'ancien régime, que le droit des peuples
et le droit des rois ne s'accordent jamais mieux entre eux
que dans le silence : voici le silence rompu, le voile du
sanctuaire déchiré, le mystère profané. Le droit qui des-
cendait jadis du ciel par la révélation de l'histoire, par la
tradition, va désormais jaillir de l'âme et de la conscience
nationales. « Plus de droit divin d'aucune sorte ; la justice
est humaine, toute humaine, rien qu'humaine[1]. » C'est un
évêque de notre temps qui parle ainsi, Freppel : il se voile
la face et déclare ce rationalisme sacrilège, outre qu'il croit
voir une « fausseté manifeste » dans cette confiance, « dans
les lumières naturelles de l'intelligence ». Anathèmes mis
à part, son interprétation est exacte.

Il y a trois manières de raconter les discussions parlementaires qui aboutirent à notre décalogue civil et politique. La première serait de suivre jour par jour les discussions; elle exposerait à des longueurs et à des redites : à
des longueurs, parce qu'à chaque séance les événements du
dehors, graves et souvent tragiques, détournent l'assemblée
de son œuvre et interrompent le fil de la discussion; à des
redites, parce que tous les orateurs de valeur (et quel est
celui qui ne croit pas à sa valeur et à son talent?) tiennent

1. FREPPEL, *la Révolution française*, p. 26.

à honneur de prendre la parole, ce qui produit à la longue la satiété et la fatigue.

La deuxième consisterait à donner à la Déclaration une forme plus systématique en distinguant les droits civils et les droits politiques pour les traiter chacun à part. On rangerait parmi les droits civils : 1° l'égalité devant la loi et l'égal accès de tous aux dignités; 2° la liberté individuelle; 3° la liberté de conscience; 4° la liberté de la parole et de la presse; 5° le droit de propriété; et parmi les droits politiques : 1° la souveraineté nationale; 2° la participation du citoyen à la confection de la loi; 3° sa participation au vote et à la répartition des impôts; 4° la séparation des pouvoirs; 5° la responsabilité des agents de l'administration; 6° la soumission à la loi seule; 7° la résistance à l'oppression. Il n'y a pas lieu de blâmer cette méthode, mais le titre même de la Déclaration nous la déconseille : ces deux expressions, l'homme et le citoyen, ne doivent pas être dissociées et ne forment pas un pléonasme vicieux; il faut traduire : l'homme en société, l'homme en tant qu'il vit en communauté de droits et de devoirs avec ses concitoyens, et cette communauté est essentielle à l'homme « animal politique », comme disait Aristote, puisque l'état de nature n'est qu'une supposition ou une fiction théorique.

L'histoire, a-t-on dit, n'a pas pour but de prouver, mais de raconter : il faut ajouter : de comprendre et de faire comprendre. Or, à donner à la Déclaration plus de précision que ses auteurs n'ont voulu qu'elle en eût, il y aurait une sorte d'infidélité. Ils ne se sont pas asservis à un ordre logique et dogmatique rigoureux, et il n'y a pas lieu de le leur imposer après coup et de force. Il me semble qu'ils ont tenu à suivre simplement l'ordre naturel, qui est généralement le meilleur ordre didactique. Voici cet ordre dans toute sa simplicité : un préambule contenant les raisons et démontrant la nécessité de la Déclaration; les premiers arti-

cles destinés à définir d'abord le citoyen par ses droits
essentiels de liberté et d'égalité, puis, comme corollaire, la
souveraineté également définie par son caractère essentiel,
qui est d'être populaire et nationale ; l'énumération des
droits naturels qui dérivent et de l'idée de citoyen et de
l'idée de souveraineté (droits naturels : entendez qu'aucune
loi positive ne saurait légitimement abroger, car telle est la
signification des deux mots *inaliénables* et *imprescriptibles*) ;
enfin la garantie gouvernementale et en quelque sorte l'in-
carnation politique de tous ces droits, le gouvernement
représentatif, qui implique la division des pouvoirs et la
responsabilité des agents.

Tel est le squelette de la Déclaration. Quand nous possé-
dons l'esquisse ou l'ébauche du tableau d'un grand maitre,
rien n'est plus utile pour comprendre ses intentions ; car si
le tableau tout fait explique l'ébauche, celle-ci, bien qu'im-
parfaite, nous permet d'assister en quelque sorte au travail
du maitre, de suivre l'évolution de sa pensée et d'entrer plus
profondément dans ce qu'on appelle quelquefois son état
d'âme. Il importe donc de mettre d'abord sous les yeux du lecteur le canevas sur lequel la Constituante a travaillé, c'est-à-
dire le projet de déclaration élaboré par son sixième bureau :
canevas, esquisse, ébauche, ces mots disent tout, et ils indiquent en même temps que nous ne rapportons pas ce projet
pour son mérite intrinsèque, mais parce qu'il est le point
de départ, ou plutôt la matière première. Rien de plus ins-
tructif que de saisir sur le vif les améliorations successives
et l'esprit des amendements qui ont transformé la maquette
de terre glaise en un bas-relief de bronze indestructible.

« Les représentants du peuple français, réunis et siégeant
en Assemblée nationale, à l'effet de régénérer la constitution de l'État, et de déterminer les droits, l'exercice et les
limites du pouvoir législatif et du pouvoir exécutif ; considérant que l'ordre social et toute bonne constitution doivent

avoir pour base des principes immuables ; que l'homme, né pour être libre, ne s'est soumis au régime d'une société politique que pour mettre ses droits naturels sous la protection d'une force commune ; voulant consacrer et reconnaître solennellement, en présence du suprême législateur de l'univers, les droits de l'homme et du citoyen, déclarent que ces droits reposent essentiellement sur les vérités suivantes :

« *Article premier.* — Chaque homme tient de la nature les droit de veiller à sa conservation et le désir d'être heureux.

« *Art. 2.* — Pour assurer sa conservation et se procurer le bien-être, chaque homme tient de la nature des facultés : c'est dans le plein et entier exercice de ces facultés que consiste la liberté.

« *Art. 3.* — De l'usage de ces facultés dérive le droit de propriété.

« *Art. 4.* — Chaque homme a un droit égal à sa liberté et à sa propriété.

« *Art. 5.* — Mais chaque homme n'a pas reçu de la nature les mêmes moyens pour user de ses droits. De là naît l'inégalité entre les hommes : l'inégalité est donc dans la nature même.

« *Art. 6.* — La société s'est formée par le besoin de maintenir l'égalité des droits, au milieu de l'inégalité des moyens.

« *Art. 7.* — Dans l'état de société, chaque homme, pour obtenir l'exercice libre et légitime de ses facultés, doit le reconnaître dans ses semblables, le respecter et le faciliter.

« *Art. 8.* — De cette réciprocité nécessaire résulte, entre les hommes réunis, la double relation des droits et des devoirs.

« *Art. 9.* — Le but de toute société est de maintenir cette double relation ; de là l'établissement des lois.

« *Art. 10.* — L'objet de la loi est donc de garantir tous les droits, et d'assurer l'observation de tous les devoirs.

« *Art. 11.* — Le premier devoir de tout citoyen étant de servir la société selon sa capacité et ses talents, il a le droit d'être appelé à tout emploi public.

« *Art. 12.* — La loi étant l'expression de la volonté générale, tout citoyen doit avoir coopéré immédiatement à la formation de la loi.

« *Art. 13.* — La loi doit être la même pour tous, et aucune autorité politique n'est obligatoire pour le citoyen, qu'autant qu'elle commande au nom de la loi.

« *Art. 14.* — Nul citoyen ne peut être accusé, ni troublé dans l'usage de sa propriété, ni gêné dans celui de sa liberté, qu'en vertu de la loi, avec les formes qu'elle a prescrites, et dans les cas qu'elle a prévus.

« *Art. 15.* — Quand la loi punit, la peine doit toujours être proportionnée au délit, sans aucune acception de rang, d'état ou de fortune.

« *Art. 16.* — La loi ne pouvant atteindre les délits secrets, c'est à la religion et à la morale à la suppléer. Il est donc essentiel, pour le bon ordre même de la société, que l'une et l'autre soient respectées.

« *Art. 17.* — Le maintien de la religion exige un culte public. Le respect pour le culte public est donc indispensable.

« *Art. 18.* — Tout citoyen qui ne trouble pas le culte établi ne doit pas être inquiété.

« *Art. 19.* — La libre communication des pensées étant un droit du citoyen, elle ne doit être restreinte qu'autant qu'elle nuit aux droits d'autrui.

« *Art. 20.* — La garantie des droits de l'homme et du citoyen nécessite une force publique : cette force est donc instituée pour l'avantage de tous, et non pour l'utilité particulière de ceux auxquels elle est confiée[1].

1. *Le Point du Jour*, nº LXIII, 25 août. « M. Madier et M. de Lally-Tollendal

« *Art. 21.* — Pour l'entretien de la force publique, et les autres frais du gouvernement, une contribution commune est indispensable; et une répartition doit être rigoureusement proportionnelle entre tous les citoyens.

« *Art. 22.* — La contribution publique étant une portion retranchée de la propriété de chaque citoyen, il a le droit d'en constater la nécessité, de la consentir librement, d'en suivre l'emploi, et d'en déterminer la quotité, l'assiette, le recouvrement et la durée.

« *Art. 23.* — La société a le droit de demander compte à tout agent public de son administration.

« *Art. 24.* — Toute société dans laquelle la garantie des droits n'est pas assurée, et la séparation des pouvoirs déterminée, n'a pas une véritable constitution. »

Ce sont ces 24 articles d'une rédaction encore si diffuse et si lourde qui, remaniés et précisés, sont devenus les 17 articles définitifs de la Déclaration. Il n'est pas un lecteur qui, en rapprochant les deux textes, ne se pose cette question : la Constituante comprenait 1,145 députés, 270 de la noblesse, 291 du clergé, 584 du Tiers état : par quel miracle une assemblée si nombreuse, dans le tumulte des séances orageuses où s'entre-choquaient tant de passions contraires, tant de motions contradictoires, a-t-elle pu dégager de la fumée même des passions la pure flamme de la raison, et transformer les contradictions mêmes en un texte cohérent, précis, laconique et pour ainsi dire lapidaire?

ont mis un terme à l'indécision de l'Assemblée, en écrivant que le seul défaut de l'article 20 était d'avoir été rédigé par le sixième bureau; cette remarque inattendue a ramené aux opinions, et l'Assemblée adopte unanimement l'article 20 : c'est le premier des 24 articles de projet de Déclaration qui ait été conservé; et il le méritait par sa simplicité et sa précision. » Remarquons que les articles 23 et 24 furent aussi conservés intégralement et devinrent les articles 15 et 16 du texte définitif.

CHAPITRE II

Volney, dans la séance du 20 août, proposait un préambule qui joignait au mérite d'une énergique brièveté celui de bien définir cette reprise de possession de la nation par elle-même et de dire nettement que cet acte décisif, bien loin de s'expliquer exclusivement par des raisons abstraites et théoriques, avait été rendu nécessaire par des abus fort concrets et des vexations trop réelles. Voici ce préambule : « L'an 1789, la seizième année du règne de Louis XVI, les représentants du peuple réunis en corps législatif, — considérant que depuis longtemps, et particulièrement depuis quelques années, les contributions des peuples ont été dissipées, les trésors publics épuisés, la sûreté, la liberté et la propriété violées d'une manière indigne ; — considérant que les causes de ces désordres tiennent à l'ignorance du peuple, à l'oubli des devoirs de la part du pouvoir exécutif, ont arrêté les articles suivants... » Volney était du nombre de ces méditatifs que Bonaparte appelait dédaigneusement des *idéologues* : on voit pourtant que c'est aux faits dans toute leur brutalité, et non aux idées pures, qu'il se réfère pour expliquer la nécessité d'une déclaration. Nous ferons comme lui, et nous éclairerons la Déclaration par l'histoire, qui seule en met les articles en pleine lumière et en pleine valeur.

Le préambule définitivement adopté n'est autre que celui de la Déclaration du Comité des cinq, corrigé par Desmeu-

JEAN-NICOLAS DES MEUNIER
Député de la ville de Paris, fut président de l'Assemblée nationale.

nier d'après les observations recueillies dans la discussion publique. Il est fortement empreint de l'esprit de Rousseau, et renferme trois idées maitresses qui méritent d'être examinées séparément : il affirme d'abord que l'*ignorance*, l'*oubli* et le *mépris* des droits de l'homme sont les *seules causes des malheurs publics et de la corruption des gouvernements;* il attribue ensuite à l'universalité des citoyens un droit de contrôle sur les actes du pouvoir législatif, en leur enjoignant même de comparer son œuvre avec le *but de toute institution politique*; enfin il inscrit le nom de l'*Être suprême* au frontispice de la Déclaration.

Qu'il y ait peut-être excès de confiance dans la puissance de la vérité et des lumières; que nos pères aient fait preuve d'un certain optimisme théorique en affirmant qu'il suffit d'éclairer les hommes sur leurs droits pour que ces droits soient promptement reconquis et à jamais sauvegardés, on n'en peut guère douter. C'est la conviction et peut-être l'illusion des philosophes : il suffit de bien juger pour bien faire, disait Descartes; et Platon, plus absolu, avait nettement déclaré que nul homme n'est volontairement et sciemment méchant et dépravé. Il y a, n'en doutons pas, un grand fond de vérité, et même un grand sens pratique, dans cette doctrine : c'est qu'on n'améliore jamais les hommes en les méprisant. Dites-leur qu'ils aiment naturellement le bien et le droit, qu'ils les ont toujours voulus, et que leurs fautes passées n'ont d'autre source qu'une ignorance rendue presque invincible par une foule de causes indépendantes de leur volonté, ils vous sauront gré de ce langage et, ne se sentant pas humiliés par vos leçons, ils vous suivront. Tonnez contre leurs vices comme un prédicateur indiscret, dépeignez vos concitoyens comme des êtres pervers et sans cœur, qui préfèrent leur sécurité à leur dignité et aspirent à descendre, vous les révolterez et vous n'obtiendrez rien. Si l'on vous objecte que l'accord d'un beau talent et d'un beau caractère est chose extrêmement rare, et que par conséquent la science ne conduit pas aussi nécessairement à la vertu que vous le dites, ne vous regardez pas comme battu : faites voir qu'alors la science n'est pas la science, mais un vain *psittacisme* ou habitude machinale de répéter des formules; qu'on n'enchaîne jamais qu'un esclave, et que les peuples ont presque toujours le gouvernement qu'ils méritent. D'abord vous serez dans le vrai, quoique cette vérité

paradoxale paraisse chimérique à tout autre qu'à un Descartes ou à un Platon ; ensuite vous serez vraiment dans
votre rôle d'éducateur et de législateur, car il faut croire
aux aptitudes qu'on veut développer.

Et ne l'oublions pas, un préambule, un exorde, a le droit
d'être insinuant ; Descartes n'a pas procédé autrement pour
émanciper l'esprit humain : « Le bon sens est la chose du
monde la mieux partagée, » dit-il à son lecteur, qu'il élève
du coup jusqu'à lui. — Il y a longtemps que vous auriez
réconquis vos droits si l'on vous en eût instruits, disent de
même nos législateurs. Si notre interprétation est exacte,
comme il est puéril de les accuser de nier le progrès et
d'admettre implicitement une époque antérieure et lointaine
où le peuple aurait connu et affirmé ses droits! « Grossière
erreur historique, » dit-on un peu brutalement ; et on ajoute :
« Négation du progrès[1]. » Le progrès n'a rien à voir ici,
car la vérité ne commence pas d'être au moment où elle
commence d'être connue. Nos pères n'ont pas eu le moins
du monde la prétention de nous révéler une doctrine nouvelle : nos droits ne sont ni anciens ni nouveaux, ils sont
inhérents à la nature humaine et, comme dit la Déclaration,
inaliénables et imprescriptibles. Dire qu'ils sont *inaliénables*, c'est soutenir que l'homme ne peut abdiquer que par
un crime sa dignité d'homme et devenir, comme Aristote
définissait l'esclave, l'homme d'un autre homme ; dire qu'ils
sont *imprescriptibles*, c'est enseigner qu'une usurpation
séculaire ne saurait les détruire ni prévaloir contre eux.
Quand un astre éclipsé sort du cône d'ombre, il ne renaît
pas, il se retrouve, ou plutôt nos yeux le retrouvent tel qu'il
est ; il en est de même d'un peuple qui s'affranchit de la
tyrannie : il ne change pas, il redevient lui-même et reprend
conscience de sa vraie nature.

1. V. Th. Ferneul, *les Principes de 1789*, p. 22.

Par un autre abus d'interprétation, on a fait à la Déclaration un reproche tout contraire : on dit, selon le besoin
de la cause, qu'elle est la négation du progrès, ou qu'elle
est un appel perpétuel à l'innovation et à l'anarchie. Il est
certain que le législateur de 1789 invite lui-même le peuple
à contrôler ses actes et à vérifier les conséquences en les
rapprochant des principes ; mais il craint si peu que ce contrôle incessant ne devienne dangereux et ne discrédite son
œuvre, qu'il le réclame justement pour que ses actes « en
soient plus respectés ». Comment poser en principe la
nécessité du contrôle des dépenses, et trouver dangereux le
contrôle des lois? Il faudrait admettre que vous tenez plus
à votre argent qu'à votre dignité; ce qui est conforme à la
raison n'a rien à redouter d'un examen raisonnable. Nos
pères d'ailleurs, en dépit d'un préjugé fort répandu, ne se
berçaient pas du fol orgueil de faire une œuvre définitive,
et, justement parce qu'ils étaient pénétrés de l'idée du progrès, ils pensaient que l'avenir pouvait améliorer la Déclaration même. « On l'a dit avec raison, disait Desmeunier
le 20 août, jamais la Déclaration n'aura qu'une perfection
relative. » Les constitutions ne sont pas des tentes dres-
sées pour le sommeil des peuples : or, ne faut-il pas comparer pour préférer, et préférer pour maintenir? Espérer
qu'on enchainera la suite des générations dans les mailles
inflexibles d'un réseau de fer, c'est oublier que beaucoup
de lois naissent des circonstances, et que la raison se cor-
rige elle-même. Il est donc très exact de dire avec Taine
que la Déclaration nous invite « à contrôler les applications par le principe et nous fournit la règle d'après laquelle
nous pourrons et nous devrons accorder, mesurer ou
même refuser notre soumission, notre déférence, notre
tolérance aux institutions établies et au pouvoir légal ».
Seulement Taine prend tout cela en mauvaise part et en
fait autant de critiques; pourtant retournez sa propre

phrase en y insérant une négation, et vous avez une excellente formule de despotisme : le contrôle remplace désormais le silence; s'il est plus orageux, il est plus digne, et
même plus sûr, car il est une garantie et comme une sou-
pape de sûreté.

On lit dans le compte rendu de la séance du 20 août :
« Plusieurs membres insistent pour qu'on mette dans le

GRÉGOIRE
Député du clergé de Lorraine (dessiné au crayon par Moreau, en 1791).

préambule ces mots : *en présence de l'Être suprême;* d'autres observent que, la présence de l'Être suprême étant
partout, il est inutile de l'énoncer. » Comprenons le sens
de ces hésitations : à coup sûr, la très grande majorité
des Constituants croyaient à l'âme et à Dieu, mais ils se
rappelaient sans doute ces paroles de J.-J. Rousseau spiri-
tualiste et déiste : « Toute justice vient de Dieu, lui seul
en est la source; mais si nous savions la recevoir de si
haut, nous n'aurions besoin ni de gouvernement ni de

lois[1]. » Autre chose est d'incliner son front devant Dieu, autre chose de se donner comme l'interprète de ses volontés ; c'est un droit purement humain, nullement divin, que la Déclaration nous annonce, et dans ce sens Freppel a raison de dire : « C'est en présence de l'Être suprême que les Constituants de 1789 font leur déclaration de principes. Fort bien! Mais cette mention de Dieu en tête de leur profession de foi est-elle autre chose qu'un hors-d'œuvre? A-t-elle la moindre influence sur l'ensemble de leurs doctrines politiques et sociales? Est-ce en Dieu qu'ils cherchent le principe et la source de l'autorité? Nullement : c'est dans l'homme, et dans l'homme seul[2]. » Pourquoi de cette constatation, qui est juste, l'auteur veut-il tirer une condamnation de l'œuvre de la Constituante? Pourquoi prononcer à ce propos les grands mots d' « athéisme social » et d' « apostasie nationale »? Non, le frontispice de l'œuvre ne porte pas comme un simple « décor » et comme un « trompe-l'œil » le nom de l'Être suprême, et nos pères n'ont pas été des hypocrites. Ils croient en Dieu comme Fénelon : « Raison! raison! n'es-tu pas le Dieu que je cherche? » et non à la manière de Bossuet : « O rois, vous êtes des dieux! » Il faudrait donc avoir fait de Dieu même son monopole et sa propriété, pour les accuser d'athéisme, justement quand ils formulent une déclaration solennelle de déisme.

Il est certain que le gouvernement théocratique est de tous les gouvernements celui qui leur répugne davantage, et

1. *Contrat social*, liv. II, chap. VI. — Laborde de Moreville demanda (20 août) qu'il ne fût pas question de Dieu : « L'homme, dit-il, tient ses droits de la nature et ne les reçoit de personne. » La motion n'eut pas d'écho dans l'Assemblée. « Et cela, semble-t-il à M. Aulard, pour trois raisons principales : 1° parce que tous les Français d'alors, même antichrétiens étaient déistes; 2° parce que la masse du peuple était sincèrement catholique; 3° parce que cette formule mystique, dans le préambule du grand acte révolutionnaire, était le prix de la collaboration du clergé à la Déclaration des droits. »
2. *La Révolution française*, p. 25.

c'est un trait caractéristique et permanent du caractère
français. Pascal ne pouvait souffrir que Descartes ne fit
intervenir Dieu dans le gouvernement de l'univers que pour
donner la « première chiquenaude ». Qu'on fasse de certain côté le même reproche aux Constituants, cela s'explique; mais qu'on les accuse d'hypocrisie et d'athéisme,
quelle injustice ! J'estime au contraire significatives et très
sincères ces paroles que Grégoire prononçait le 18 août, aux
applaudissements de l'Assemblée : « L'homme n'a pas été
jeté au hasard sur le coin de terre qu'il occupe. S'il a des
droits, il faut parler de Celui dont il les tient; s'il a des
devoirs, il faut rappeler Celui qui les lui a prescrits. Quel
nom plus auguste, plus grand, peut-on placer à la tête de la
Déclaration que celui de la Divinité, que ce nom qui reten-
tit dans toute la nature, dans tous les cœurs, que l'on trouve
écrit sur la terre, et que nos yeux fixent encore dans les
cieux? »

CHAPITRE III

LA LIBERTÉ ET L'ÉGALITÉ

Quand les législateurs de 1789 déclarent, dès le début de leur œuvre, que *les hommes naissent libres et égaux en droits*, ils ne *rétablissent* pas les droits naturels, ils se contentent de les *rappeler*, selon une distinction assez judicieuse du vicomte de Mirabeau : on ne décrète pas le droit, on le constate et on le formule. Si nous voulons avoir le sens complet de ce premier article de la Déclaration, nous consulterons le commentaire fort précis qu'en donne le préambule de la Constitution : « Il n'y a plus ni noblesse, ni pairie, ni distinctions héréditaires, ni distinction d'ordres, ni régime féodal, ni justices patrimoniales, ni aucun des titres, dénominations et prérogatives qui en dérivaient ; ni aucun ordre de chevalerie ; ni aucune des corporations ou décorations pour lesquelles on exigeait des preuves de noblesse, ou qui supposaient des distinctions de naissance ; ni aucune autre supériorité que celle des fonctionnaires dans l'exercice de leurs fonctions. Il n'y a plus ni vénalité ni hérédité d'aucun office public. Il n'y a plus, pour aucune partie de la nation ni pour aucun individu, aucun privilège ni exception au droit commun de tous les Français. Il n'y a plus ni jurandes ni corporations de professions, arts et métiers. La loi ne reconnaît plus ni vœux religieux ni aucun engagement qui serait contraire aux droits naturels ou à la Constitution. »

Tel est le sens négatif et l'on pourrait dire historique du premier article de la Déclaration; il faut en déterminer le sens positif et politique. Et tout d'abord ceux qui décident si aisément dans leur for intérieur que la liberté est bonne pour eux, et dangereuse chez les autres, devraient se souvenir, avant de répéter avec le baron de Jessé « que ce n'est pas en faisant retentir le cri de liberté » qu'on apaisera le peuple déjà trop déchaîné, qu'il n'y a pas d'autre moyen que la liberté pour faire l'apprentissage de la liberté, pas d'autre école de liberté que la liberté même : de l'esclavage vous ne ferez jamais sortir que l'esclavage, et si vous attendez que le peuple soit absolument mûr pour la liberté, vous ajournerez la liberté à la fin du monde. Maintenez le peuple en tutelle, et il aura toujours besoin de tuteurs : tel l'enfant auquel on met un bourrelet autour de la tête et qui n'apprend pas à se tenir droit parce qu'il ne se fait aucun mal en tombant. Le malheur, c'est que les peuples, comme les individus, ont une tendance presque invincible à définir la liberté par le caprice et l'arbitraire qui en sont justement l'opposé : le fou qui parcourt les rues une arme à la main est dangereux, mais il n'est pas libre; un peuple libre est celui qui délibère avant d'agir, et un homme libre est celui qui peut toujours rendre raison de sa conduite. On ne saurait trop répandre cette doctrine que la parfaite liberté se confond avec la souveraine raison, et se trouve ainsi aux antipodes de la passion, du caprice et de l'arbitraire.

Nos pères ont-ils commis la faute de confondre la liberté avec la licence? Pas du tout : ils savaient très bien que cette liqueur généreuse demande un vase solide pour la contenir. Dans ses *Considérations sur les Gouvernements* présentées à l'Assemblée le 12 août, Mounier nous fournit

un admirable commentaire de cette idée. La liberté, dit-il,
n'est que la sûreté des biens et des personnes et n'a point
d'autre fondement que le respect des lois; la licence est
au contraire « la faculté de pouvoir nuire impunément »,
et « l'anarchie est la plus cruelle ennemie de la liberté ».
Il fait un éloquent tableau du despotisme de la multitude,
plus dangereux peut-être que le despotisme d'un roi, « car
le despotisme d'un seul est ordinairement tempéré par le
sentiment de sa faiblesse et par la crainte de trop irriter
ses sujets; mais quelle digue opposer au pouvoir arbitraire
de la multitude »? Il nous dépeint en traits énergiques « le
superbe spectacle d'un peuple qui sent qu'il n'est pas né
pour servir les caprices de ceux qui le gouvernent et pour
être possédé comme un vil troupeau, se réveille d'une vieille
léthargie, s'indigne du poids de ses fers et brave la mort
pour briser le joug de l'esclavage. » Mais il sait aussi que
l'ère des difficultés commence dès que l'ère des dangers
héroïques est fermée : l'éducation politique du peuple n'est
pas encore faite; il s'irrite contre les obstacles, frappe fort
plutôt que juste et cède « aux partis violents, les seuls qui
puissent être entendus »; il est crédule, prompt aux entraî-
nements, « et, dans ses moments de fureur, il exerce l'ostra-
cisme envers un grand homme. Il voudra la mort de Socrate,
le pleurera le lendemain, et quelques jours après lui dres-
sera des autels. » Il frappe sur un bruit, condamne sur un
soupçon, proscrit sur une dénonciation anonyme, et il n'y
a qu'un pas du Capitole à la roche Tarpéienne; bien
plus, comme c'est la foule qui distribue la gloire, « il faut
avoir le plus sublime courage pour ne pas flatter toutes ses
passions; il faut savoir dédaigner la gloire et même braver
la honte ». Ce tableau, que j'abrège à regret, est-il d'un
naïf et béat adorateur d'une liberté sans règle et sans frein?
Mounier le termine par un trait vraiment prophétique :
« Pour achever de caractériser le despotisme populaire, on

doit ajouter qu'il se termine ordinairement par le pouvoir arbitraire d'un seul. Quand la multitude est venue au point de redouter ses propres excès, elle se choisit un chef et finit par obéir à tous ses caprices. »

Si nous distinguons dans ce premier article[1], selon notre

ALEXANDRE DE LAMETH
Député de la noblesse de Péronne.

méthode, l'intérêt du moment et le besoin permanent auquel il répond, il suffira, sur le premier point, de rappeler les

1. Il faut le compléter par l'art. IV, qui en est l'explication la plus expressive et la plus claire. Le Journal de Barère nous apprend que les art. IV et V ont été rédigés par Al. de Lameth : « M. le chevalier A. de Lameth a présenté (22 août) deux articles de la rédaction que comprenaient, d'une manière plus énergique, les principes des art. VII, VIII, IX et X : ils avaient trait à la définition de la liberté. M. Mounier a remarqué la précision avec laquelle cette nouvelle rédaction renfermait les quatre articles, et deux autres principes qui y manquaient. » — Notons que Mounier fut le rédacteur des trois premiers articles.

lettres de cachet et la tyrannie non moins intolérable des
juridictions arbitraires : réclamer, comme dit le titre premier de la Constitution, « la liberté d'aller, de rester, de
partir, sans pouvoir être arrêté ni détenu que selon les
formes déterminées par la Constitution », c'était avant tout
protester contre ces lettres de cachet données en blanc à
un favori ou une favorite, vendues à un financier, et dont le
fatal effet était de suspendre une épée de Damoclès sur la
tête de tout Français, même le plus obscur, car quelle obscurité peut mettre complètement à l'abri d'une rancune
ou d'une haine privée? Au lieu d'insister sur les innombra-
bles histoires d'emprisonnements arbitraires que le lecteur
trouvera aisément dans les ouvrages spéciaux, j'aime mieux
chercher dans le cœur même de l'homme et dans les plus
élevées de ses aspirations la raison supérieure et permanente
qui a dicté ce premier article. « Ce qui, dans tous les temps,
dit admirablement Tocqueville, a attaché si fortement le
cœur de certains hommes à la liberté, ce sont ses attraits
mêmes, son charme propre, indépendant de ses bienfaits ;
c'est le plaisir de pouvoir parler, agir, respirer sans con-
trainte, sous le seul gouvernement de Dieu et des lois. Qui
cherche dans la liberté autre chose qu'elle-même est fait
pour servir[1]. » Comme cela est bien senti et bien dit ! Mais
la servitude, qui abaisse les âmes jusqu'à s'en faire aimer,
rend l'homme incapable de comprendre et d'éprouver ce
goût supérieur. Il en est de la liberté comme de la lumière,
comme d'un air pur et frais que nous respirons : nous en
jouissons trop souvent sans y penser, et c'est une joie qui,
comme toutes les autres, s'émousse par l'habitude et se

---

1. TOCQUEVILLE, *l'Ancien Régime et la Révolution*, chap. xv. — Quelques
membres du clergé, dit le Journal de Barère, ont désiré que l'on mit la *liberté
civile* et non la liberté générale; mais MM. Radon et Garat l'aîné ont très
bien combattu cette prétention. Ce serait un contresens, disaient-ils, de placer dans la Déclaration des droits les mots de *liberté civile*; cet objet sera
traité par la loi ou par la Constitution. » (22 août).

ravive par le contraste; réagissons contre cette fatalité de notre nature, si nous voulons éprouver pour nos émancipateurs le profond sentiment de reconnaissance qui leur est dû.

L'égalité est un des signes extérieurs les plus manifestes de la liberté : voilà pourquoi les Français se sont souvent montrés plus jaloux d'égalité que de liberté, confondant ainsi le signe avec la chose signifiée, quoiqu'une certaine égalité puisse subsister dans l'asservissement général. « La nature, disait Sieyès, fait des forts et des faibles; elle départ aux uns une intelligence qu'elle refuse aux autres. Il suit qu'il y aura entre eux inégalité de travail, inégalité de produit, inégalité de consommation ou de jouissance; mais il ne suit pas qu'il puisse y avoir inégalité de droit. » Donc plus de justices exceptionnelles; la loi est *la même pour tous* et ne fait plus acception de personnes; plus de quartiers de noblesse exigés pour certains emplois civils et militaires : la société ne tient compte que des *vertus* et des *talents,* formule, dit le compte rendu, « qui paraissait contrarier fortement le vœu d'une partie de l'Assemblée »; plus de parias de la société sous le nom de Tiers état : il n'était rien, il sera tout; plus de parias de la famille sous le nom de cadets : les parents et les aînés ne jetteront plus filles et sœurs derrière les grilles d'un couvent avec ordre exprès d'avoir la vocation. C'est la protestation de ceux qui se donnent la peine de travailler et de s'instruire contre ceux qui ne se sont donné que la peine de naître. M. Chevreul, quand il n'avait que cent ans, me racontait qu'en 1793 il avait vu sur la tabatière de son oncle une miniature symbolique représentant un Atlas (le peuple) portant le monde sur ses épaules meurtries et courbées, tandis qu'un noble et un abbé, de chaque côté, appuyaient de tout leur poids et ajoutaient au fardeau du monde : il faut que désormais le vieil adage d'après lequel les nobles payaient de leur

épée, le clergé de ses prières, et le peuple de son argent,
soit revisé, car le pauvre Atlas succombe sous le poids
des inégalités sociales. Déjà Rousseau, avant Sieyès, avait
protesté contre cette dénomination de Tiers donnée au peuple : « Ainsi, disait-il, l'intérêt particulier est mis au premier et au second rang; l'intérêt public n'est qu'au troisième. » Est-ce à dire que toute hiérarchie sociale va
disparaître ou qu'on va faire tenir la pyramide la pointe
en bas?

Taine soutient qu'il y a contradiction entre la première
et la seconde partie du premier article de la Déclaration :
« La première phrase condamne la royauté héréditaire consacrée par la Constitution. Au moyen de la seconde phrase,
on peut légitimer la monarchie et l'aristocratie héréditaire[1]. » Pourquoi séparer deux phrases qui se complètent
et s'expliquent mutuellement? Pourquoi surtout isoler les
textes et ne pas employer ce procédé si simple dans sa
loyauté qui consiste à demander aux Constituants eux-
mêmes le sens exact de leur pensée? Ce sens, le lecteur l'a
vu clairement dans une des citations précédentes : « Aucune
supériorité que celle des fonctionnaires dans l'exercice de
leurs fonctions. » Comment concilier une aristocratie héréditaire avec ce texte si clair : « Il n'y a plus ni noblesse, ni
pairie, ni distinctions héréditaires? » Pour trouver une contradiction dans l'article que nous commentons, il faut l'y
mettre.

Il y a plus : au témoignage de Montesquieu, le peuple est
excellent juge des capacités, et la hiérarchie sociale, fondée
sur le mérite, ne court aucun risque à être constituée par
son libre choix : « Le peuple est admirable pour choisir
ceux à qui il doit confier quelque partie de son autorité...
Il s'instruit mieux dans la place publique qu'un monarque

---

1. H. Taine, la Révolution, t. Ier, p. 274.

dans son palais. Si l'on pouvait douter de la capacité naturelle qu'a le peuple pour discerner le mérite, il n'y aurait
qu'à jeter les yeux sur cette suite continuelle de choix éton-
nants que firent les Athéniens et les Romains ; ce qu'on n'at-
tribuera pas sans doute au hasard[1]. » Que l'on ne craigne
donc pas la destruction et le renversement de la hiérarchie
sociale : c'est précisément parce que le peuple veut être
libre qu'il veut être gouverné, et il sait, aussi bien qu'Aristote, que le citoyen est celui qui « participe au commande-
ment et à l'obéissance ». La part de vérité que renferme la
critique de Taine, c'est qu'il y avait dans la Constitution
de 1791 trop de royauté pour une république et trop de
république pour une royauté : nos pères étaient en quelque
sorte républicains sans le savoir, et tout en demeurant mo-
narchistes, peut-être par un phénomène d'atavisme, en tout
cas par un sincère attachement au roi. L'erreur vient de
Rousseau : « Tout gouvernement légitime est républicain, »
avait-il dit ; mais il ajoutait cette réserve pratique qui atté-
nuait singulièrement sa hardiesse théorique : « J'appelle
république tout État régi par des lois, sous quelque forme
d'administration que ce puisse être ; car alors seulement
l'intérêt public gouverne, et la chose publique est quelque
chose[2]. »

1. *De l'Esprit des lois*, liv. II, chap. II.
2. *Du Contrat social*, liv. II, chap. VI.

CHAPITRE IV

LA SOUVERAINETÉ NATIONALE

« Écoutez ces clameurs de la place publique, ces pétitions qui arrivent de toutes les villes : voilà la volonté générale qui abolit la loi écrite. A ce titre, les meneurs de quelques clubs de Paris déposeront le roi, violenteront l'Assemblée législative, décimeront la Convention nationale[1]. » L'article 3 déclarait en effet que toute souveraineté réside essentiellement dans la nation, mais contenait-il les redoutables conséquences que Taine en déduit? Tout ce qu'on peut concéder à ce rare et puissant esprit, dont les erreurs mêmes sont instructives, c'est qu'il eût été bon de compléter tout d'abord cet article par l'article 18 de la Déclaration des droits faite par la Convention le 22 août 1795 : « Nul individu, nulle réunion partielle d'individus ne peut s'attribuer la souveraineté. » Vous n'empêcherez jamais les ambitieux et les énergumènes de reprendre pour leur compte le mot de Louis XIV et de dire : « L'État, c'est moi! » Déclarer que le peuple n'appartient qu'à lui-même et que tout citoyen, s'il n'est pas le souverain, est un fragment du souverain, cela ne pouvait soulever aucune discussion : les cahiers

1. *La Révolution*, t. II, chap. III.

prouvaient clairement que la nation avait atteint sa majorité et qu'il fallait la mettre hors de page ; au droit divin
des rois, la Révolution opposa donc le droit souverain du
peuple, non pas infaillible sans doute, ni impeccable, mais
mûr pour se gouverner lui-même, à ses risques et périls.

Dans tous les systèmes, la souveraineté, il faut l'avouer,
est un mystère ; mais la formule consacrée, *roi par la grâce
de Dieu*, loin d'éclaircir l'énigme, la rend indéchiffrable,
car la grâce est d'origine surnaturelle, tandis que la souveraineté nationale est d'ordre naturel. Seulement tout n'est
pas dit quand on a proclamé la souveraineté du peuple, et
Rousseau compare justement cet obscur problème de l'autorité du corps social sur ses propres membres au problème
non moins obscur de l'union de l'âme et du corps : la volonté
générale, c'est la volonté de la majorité, et il reste à trouver le principe en vertu duquel elle a le droit de s'imposer
à la minorité. Sans aborder ce problème de politique transcendante, contentons-nous de remarquer que la volonté
générale n'a pas d'autre organe que la loi, et qu'il est de
l'essence de la loi d'être générale non seulement par les
volontés qui l'établissent, mais surtout par son objet : on
confond trop souvent la loi avec les simples décrets ou
même avec la réglementation administrative : de là les
questions troublantes pour la conscience du citoyen, questions qui ne surgiraient pas si l'on n'oubliait trop fréquem-
ment que la loi ne doit avoir en vue ni les individus ni les
groupes d'individus. Dès lors, il est très vrai de dire avec
Tacite que le pire des gouvernements est celui qui promul-
gue le plus de lois : d'une part, il est impossible que ces lois
multiples ne visent pas les individus ou les groupes d'individus ; d'autre part, il est impossible également qu'elles
soient l'objet d'une volonté générale et surtout universelle[1].

1. J.-J. ROUSSEAU : « Si l'on me demandait quel est le plus vicieux de tous

Restreignez le nombre des lois aux objets sur lesquels il y a vraiment *volonté générale*, et vous ne tyranniserez aucune volonté; promulguez autant de décrets et de règlements qu'il est nécessaire, mais ne profanez pas ce beau nom de lois en l'appliquant indifféremment à tous les actes du pouvoir. Alors vous retrouverez le sens profond de la doctrine socratique d'après laquelle il faut obéir même à une loi injuste; cette loi injuste, vous l'avez consentie par le seul fait que vous vivez dans la société qui l'a édictée; en lui obéissant, vous n'obéissez qu'à vous-même. On peut toujours en appeler du peuple mal informé au peuple mieux informé et faire tous ses efforts pour améliorer la législature de son pays; mais si l'on comprenait bien le sens supérieur du mot loi, il n'y aurait aucun paradoxe à soutenir que toute loi est juste du moment que le peuple l'a voulue; ce n'est pas l'intelligence, c'est la volonté du peuple qui fait la loi, et si cette volonté n'est pas suffisamment éclairée, il n'en est pas moins vrai qu'elle est droite et que le peuple ne peut vouloir sa propre ruine; il ne crée pas le juste et l'injuste, mais s'il se trompe en interprétant l'éternelle justice, de quel droit moi, simple particulier, le redresserai-je et oserai-je me révolter contre sa volonté? Il est vrai qu'il faudrait être Socrate lui-même pour convaincre l'incrédule qui n'a jamais médité sur la loi : « Il faut avoir pour la patrie irritée, dit Socrate iniquement condamné, plus de respect, plus de soumission et plus d'égards que pour un père : il faut la ramener doucement par la persuasion ou obéir à ses ordres, et souffrir sans murmurer ce qu'elle ordonne de souffrir[1]. » Et ce n'est pas résignation

les peuples, je répondrais sans hésiter que c'est celui qui a le plus de lois. La multitude des lois annonce deux choses également dangereuses et qui marchent presque toujours ensemble, savoir que les lois sont mauvaises et qu'elles sont sans vigueur. » (Manuscrit inédit de Neufchâtel, recueilli par M. Windemberger.)

1. Voir dans le *Criton* l'admirable prosopopée des *Lois*.

à ce qu'on ne peut empêcher; c'est plutôt identification de sa volonté individuelle avec la volonté générale, sacrifice du sens propre à l'intérêt supérieur de la patrie.

LE COMTE DE MIRABEAU
Dessin de Guérin; — gravure de Fiesinger.

Vous entendrez soutenir cette thèse que si c'est la volonté nationale qui crée la loi, il faut convenir que la loi d'hier n'oblige plus aujourd'hui, parce que cette volonté peut avoir changé ou que du moins on peut présumer qu'elle a

changé. Dès lors, c'est l'instabilité érigée en loi et l'anarchie formulée en code ; plus de traditions; les générations,
loin d'être solidaires, ne forment plus qu'une poussière
humaine soulevée et agitée par tous les vents contraires.
C'est une complète erreur, car le souverain est censé con-
firmer incessamment toutes les lois qu'il n'abroge pas, et
vouloir toujours ce qu'il a une fois déclaré vouloir sans
avoir ultérieurement révoqué sa volonté. Nous portons un
grand respect aux anciennes lois et aux anciennes coutumes, et cette étude même est fondée sur ce respect instinc-
tif et parfaitement raisonnable : l'excellence d'une loi a pu
seule lui assurer une longue durée, et c'est justement parce
que le souverain, pouvant l'abroger tous les jours, n'en a
rien fait, qu'elle nous semble plus respectable et plus vénérable. La Révolution ne nous enseigne donc pas le mépris
de nos traditions nationales, et la doctrine de la souveraineté du peuple, bien loin d'ébranler l'autorité du passé, est
la seule explication raisonnable de cette autorité : les morts
gouvernent les vivants, parce que la volonté du juste et du
bien est, comme son objet, permanente et impérissable.

Au fond, ce n'est pas la liberté, c'est la tyrannie qui était
nouvelle sur le vieux sol gaulois. Cette liberté longtemps
opprimée se cherchait, s'essayait, prenait conscience d'elle-
même et de ses forces dans nos anciens états généraux.
Écoutez ce fragment, que j'abrège à regret, d'un discours
de Philippe Pot en 1483, et vous reconnaîtrez, à la hauteur
des idées et à l'ampleur du style, l'expression de la volonté
nationale : « Comme l'histoire le déclare, et comme je l'ai
appris de mes pères, dans l'origine le peuple souverain
créa les rois par son suffrage; il éleva à l'empire les plus
vertueux et les plus habiles. Dans le choix de ses gouver-
nants, le peuple ne consultait que sa propre utilité. Le roi
est fait pour le peuple, et non le peuple pour le roi... Con-
venons donc avant tout que l'État est la chose du peuple,

qu'il l'a confiée aux rois, et ceux qui l'ont eue par force ou autrement, sans le consentement du peuple, sont réputés tyrans et usurpateurs... Pourquoi nous fatiguer à saisir de faibles branches et négliger le tronc de l'arbre? Maintenant que vous siégez ensemble, vous balanceriez!... » Ce fier langage, c'est presque la fameuse apostrophe de Mirabeau : « Nous sommes ici par la volonté du peuple, et nous n'en sortirons que par la force des baïonnettes! » Aussi, tel était l'accord de tous, au sein de la Constituante, sur le principe même de la souveraineté nationale, qu'il n'y eut pour ainsi dire pas de discussion. Boisgelin, archevêque d'Aix, entama pourtant un long discours où il disait, entre autres nouveautés, que la société commençait avec la mère et le fils; puis, comme il tardait à passer au déluge et que les galeries se vidaient, un de ses collègues, M. de Morte-mart, trouva un moyen original d'arrêter les flots de son éloquence : « Aux termes de nos règlements, s'écria-t-il, la séance doit être publique : le public est parti, donc la séance est irrégulière! » — Toutefois la discussion devait revenir, irritante, interminable, sur la trop célèbre question du *veto,* conformément à l'esprit du vieil adage : « La loi se fait par le consentement de la nation et le *décret du roi; »* mais nous n'avons pas, heureusement, à entrer dans ces subtilités parlementaires, puisque nous nous arrêtons au seuil de la Constitution.

CHAPITRE V

LA SURETÉ ET LA RÉSISTANCE A L'OPPRESSION

Les droits naturels énumérés dans l'article 2 de la Déclaration sont la liberté, la propriété, la sûreté et la résistance
à l'oppression. Nous avons déjà parlé de la liberté, et nous
parlerons bientôt de la propriété et de l'impôt; que faut-il
entendre par la sûreté et la résistance à l'oppression? L'article 7 va d'abord nous définir la sûreté : « Nul homme ne
peut être accusé, arrêté ni détenu que dans les cas déterminés par la loi, et selon les formes qu'elle a prescrites. »
L'article 3 nous donnera de même la définition de la résistance à l'oppression : « Nul corps, nul individu, ne peut exercer d'autorité qui n'émane expressément de la volonté nationale. » Ni le droit divin des rois, ni le droit du plus fort, ni
le droit des aristocraties ou de la noblesse, ou de la fortune
ou même de l'intelligence, n'étant de véritables droits, le
peuple a toujours le droit et même le devoir de secouer
ces jougs qu'il ne s'est point imposés à perpétuité. Mais
on sent que la proclamation d'un pareil droit peut avoir
ses dangers; il n'est guère besoin d'avertir les citoyens
que l'insurrection est dans certains cas le premier des
devoirs; l'instinct de conservation et la colère sont plus
que suffisants. « La résistance à l'oppression, dit la Décla-

ration de 1793, est la conséquence des autres droits de l'homme. »

Que la loi soit la même pour tous, soit qu'elle protège, soit qu'elle punisse, et les citoyens seront en sûreté dans leur vie, leurs biens et leur liberté. Ce sont pourtant ces formules si simples et si nettes qu'un sociologue contemporain, M. Ferneuil, appelle « des propositions parasites qui encombrent inutilement la Déclaration, et s'expliquent surtout par le goût de la rhétorique, des phrases sonores et creuses, caractéristique de l'époque ». N'est-il pas de mode aujourd'hui, parmi certains écrivains, de réhabiliter même la Bastille? Puisqu'on oublie si vite l'histoire, interrogeons un historien : « Le ministre, dit Michelet, généreusement, donnait des lettres de cachet en blanc aux intendants, aux évêques, aux gens en place. A lui seul, Saint-Florentin en donna 50,000. Jamais on ne fut plus prodigue du plus cher trésor de l'homme, de la liberté. Ces lettres de cachet étaient l'objet d'un profitable trafic; on en vendait aux pères qui voulaient faire enfermer leurs fils, on en donnait aux jolies femmes trop gênées par leurs maris[1]. » On connaît le mot de Voltaire demandant au lieutenant de police Hérault : « Monsieur, que fait-on à ceux qui fabriquent de fausses lettres de cachet? —Monsieur, on les pend. — C'est toujours bien fait, en attendant qu'on traite de même ceux qui en signent de vraies. » Mirabeau, qui pouvait se vanter d'avoir vu cinquante lettres de cachet dans sa famille et de connaître personnellement la plupart des prisons d'État, n'avait qu'à faire appel à ses souvenirs pour être éloquent contre la détention arbitraire.

Dans la séance du 22 août 1789 où fut discuté l'article 7, Duport déclara que les prisons préventives du Châtelet étaient plus dures encore que celles de la Bastille et qu'on

1. *Histoire de la Révolution*, Introduction.

traitait plus cruellement les accusés, innocents peut-être, que les condamnés et les criminels : « Il expose, dit le compte rendu, qu'il existe en France un usage barbare de punir les coupables lors même qu'ils ne le sont pas encore déclarés; qu'il a vu deux fois les cachots de la Bastille; qu'il a vu ceux de la prison du Châtelet, et qu'ils sont mille fois plus terribles; que cependant c'est une vérité que les précautions que l'on prend pour s'assurer des coupables ne sont pas des peines. » Lally-Tollendal se souvient de son père calomnié, condamné, bâillonné, torturé en place de Grève, puis tardivement réhabilité, et s'élance à la tribune : « J'appuie fortement, s'écrie-t-il, les deux articles proposés par M. Duport : proportionnalité des peines aux délits, protection à l'accusé qui n'est pas encore condamné. La société a besoin de se faire pardonner le droit terrible de donner la mort. S'il était un pays où le despotisme judiciaire exerçât ses ravages, s'il était un pays où de malheureuses rivalités d'état excitassent les passions, où la mort d'un homme pût être la jouissance de la vanité d'un autre; s'il était un pays où l'on eût rassasié d'opprobres un malheureux accusé par le despotisme d'un seul homme, ne serait-il pas nécessaire de rappeler les juges à l'humanité et à la justice? Sachons supporter la vérité : ce pays est celui que nous habitons, mais aussi que nous régénérons. » Déclamation creuse et pure rhétorique! disent nos critiques. En vérité, jaloux des lauriers de Joseph de Maistre qui réhabilita ou plutôt déifia le bourreau, ils vont nous prouver bientôt que la Bastille n'était que la maison de plaisance des écrivains distingués par le pouvoir. La vraie Bastille ne portait pas l'inscription : « Ici l'on danse. »

Nous savons déjà que Mirabeau avait proposé une formule excessive et dangereuse du droit de résistance à l'oppression : il n'est pas vrai que tout citoyen ait le droit de se défendre par les armes dès qu'il se croit opprimé. L'insurrec-

tion est toujours le plus dangereux des droits, lors même
qu'elle est le plus saint des devoirs. Si « nul ne peut être
contraint à faire ce que la loi n'ordonne pas », nul n'a le
droit de sortir de la légalité pour rentrer dans le dioit, et,

TROPHIME GÉRARD COMTE DE LALLY-TOLLENDAL
Né en 1751, député de la noblesse de Paris.

comme le dit fort justement la Déclaration : « Tout citoyen
appelé ou saisi en vertu de la loi doit obéir à l'instant : il
se rend coupable par la résistance. » Le droit d'insurrection
doit être assimilé au droit de légitime défense : je n'ai le
droit de tuer un injuste agresseur que lorsqu'il est certain,
de toute certitude, qu'il ne me reste pas d'autre moyen de
sauver ma vie. Dans un pays de suffrage universel, l'arme

de la légitime défense, c'est le bulletin de vote. La violence
enfante toujours la violence; la résistance à l'oppression
est moins un droit qu'un instinct, l'instinct de la conservation, qui ne prend conseil de personne et se sent mieux qu'il
ne se définit. Taine interprète ainsi le texte de la Déclaration : « Nous sommes opprimés, résistons et levons-nous en
armes! » Ce n'est point de cette manière qu'il faut comprendre « la dernière raison » du peuple, le terrible droit d'insurrection : si Taine se fût souvenu qu'une partie de la nation
était armée, l'autre partie désarmée et à sa merci; que les
châteaux regorgeaient d'armes et que le peuple n'avait que
ses fourches et ses faux; que l'Assemblée constituante était
protégée par cinquante mille baïonnettes menaçantes; « qu'il
est impossible, comme disait Mirabeau, d'imaginer une
aristocratie plus terrible que celle qui s'établirait dans un
État par cela seul qu'une partie des citoyens serait armée
et que l'autre ne le serait pas », il eût vu dans le texte que
nous commentons, non un appel à l'insurrection ou une
invitation à l'émeute, mais simplement une revendication
du droit de légitime défense. Le peuple ne pouvait gagner
la liberté, comme son pain quotidien, qu'à la sueur de son
front, et l'histoire nous prouve qu'il ne la conserva bien
souvent qu'au prix de son sang.

CHAPITRE VI

LA LIBERTÉ DES CULTES

Que de sang n'a pas fait couler la seule conquête de la liberté des cultes! Supposez qu'on eût adopté l'article suivant, proposé par l'abbé d'Eymar le 23 août : « La loi ne pouvant atteindre les délits secrets, c'est à la religion seule à la suppléer. Il est donc essentiel et indispensable, pour le bon ordre de la société, que la religion soit maintenue, conservée et respectée. » C'était l'inquisition élevée à la hauteur d'une institution d'État. Tribunal des délits secrets, effrayante définition de la religion qui trouvait encore dans l'Assemblée un assez grand nombre de partisans. Deux idées essentielles remplissent toute la discussion mémorable du 23 août : la religion dominante n'a pas plus de droits que les autres cultes, et Mirabeau le démontra avec infiniment d'esprit et d'éloquence; la tolérance proclamée par le xviii⁰ siècle ne suffit plus aux temps nouveaux, c'est l'égalité de tous les cultes devant la conscience et devant la loi qu'il faut désormais revendiquer et faire passer dans les mœurs, car le mot même de tolérance est intolérant. Je ne tolère pas le droit de mes concitoyens : je le respecte, je reconnais qu'il est égal au mien et qu'il limite le mien. Ce fut Rabaut-Saint-Étienne qui établit cette dernière thèse et qui rivalisa d'éloquence avec Mirabeau lui-même.

« Empêcher un homme d'offrir le tribut de sa reconnaissance à la Divinité, disait M. de Castellane, c'est tyranni-
ser les consciences, c'est violer les droits les plus sacrés
d'homme et de citoyen. » Quels sont donc les droits de
l'État en matière de culte et de religion? « Le culte consiste
en prières, en hymnes, en discours, en divers actes d'ado-
ration rendus à Dieu par des hommes qui s'assemblent en
commun; et il est tout à fait absurde de dire que l'inspec-
teur de police ait le droit de dresser des *oremus* et des *lita-
nies.* » Ainsi parlait Mirabeau; mais il ne prétendait pas
désarmer l'État, car il ajoutait aussitôt : « Ce qui est de la
police, c'est d'empêcher que personne ne trouble l'ordre et
la tranquillité publique. Voilà pourquoi elle veille dans vos
rues, dans vos places, autour de vos maisons, autour de vos
temples; mais elle ne se mêle point de régler ce que vous y
faites : tout son pouvoir consiste à empêcher que ce que vous
y faites nuise à vos concitoyens. » Dans les discussions sur
les cultes et sur la presse, Mirabeau fit toujours preuve
d'un bon sens admirable, et fixa dans un beau langage les
vrais et définitifs principes. Reconnaissons aussi que le
clergé catholique ne se montra nullement intolérant; on
trouve bien quelquefois certaines prétentions de régenter
les consciences et d'enchaîner les plumes et les opinions,
mais elles sont isolées et, à la forme près, qui est toujours
plus circonspecte et plus réservée chez un prélat, c'est le
pur esprit de la Révolution et le vrai libéralisme qu'on
entend proclamer par tous les orateurs.

Il faut avouer aussi qu'un culte si évidemment dominant
aurait eu un singulier mérite à laisser mettre sur un pied
de parfaite égalité avec lui les cultes des minorités : il ne
faut pas demander l'impossible, ou, du moins, il ne faut pas
tout demander à la fois[1]. Mirabeau signala avec sa supério-

1. « Sans doute l'Assemblée se refusera (28 août) à voter la motion de
l'abbé d'Eymar déclarant la religion catholique religion d'État; mais à l'oc-

rité ordinaire le sophisme dissimulé dans cette expression équivoque de « culte dominant », et démontra que les opinions religieuses nées au plus profond du for intérieur sont identiquement aussi respectables les unes que les autres :

JEAN-PAUL RABAUT-SAINT-ÉTIENNE
Député de la sénéchaussée de Nimes et Beaucaire à l'Assemblée nationale en 1789.

le nombre, non plus que le temps, ne fait rien à l'affaire. « On vous parle sans cesse d'un culte dominant : *dominant!*

casion elle se déclarait catholique, sans doute pour complaire aux *curés patriotes* qu'elle comptait parmi ses membres, et aussi par égard pour les sentiments de la masse, surtout rurale, des Français. Elle n'entendait pas mettre la religion catholique sur le même rang que les autres religions, et le constituant Voulland pouvait parler à la tribune, sans être contredit, de la convenance d'avoir une *religion dominante*, et représentait la religion catholique comme *fondée sur une morale trop pure, pour ne pas tenir le premier rang*. C'est pourquoi, au lieu de proclamer la liberté de conscience, elle se borna (23 août) à proclamer la tolérance, par l'article 10. » (AULARD, *la Révolution française*, 1893, p. 147.)

Messieurs, je n'entends pas ce mot, et j'ai besoin qu'on me le définisse. Est-ce un culte oppresseur que l'on veut dire? Mais vous avez banni ce mot; et des hommes qui ont assuré le droit de liberté ne revendiqueront pas celui d'oppression. Est-ce le culte du prince que l'on veut dire? Mais le prince n'a pas le droit de dominer sur les consciences ni de régler les opinions. Est-ce le culte du plus grand nombre? Mais le culte est une opinion; tel ou tel culte est le résultat de telle opinion. Or, les opinions ne se forment pas par résultat des suffrages; votre pensée est à vous, elle est indépendante, vous ne pouvez l'engager. Enfin, une opinion qui serait celle du plus grand nombre n'a pas le droit de *dominer*. C'est un mot tyrannique qui doit être banni de notre législation : car si vous l'y mettez dans un cas, vous pouvez l'y mettre dans tous : vous aurez donc un culte dominant, une philosophie dominante, des systèmes dominants. Rien ne doit dominer que la justice, il n'y a de dominant que le droit de chacun, tout le reste y est soumis. Or, c'est un droit évident, et déjà consacré par vous, de faire tout ce qui ne peut nuire à autrui. » Comment aurait-on le courage de remplacer par un froid commentaire ces paroles lumineuses, ces maximes profondes qu'aujourd'hui encore nous aurions tant de profit à méditer et à nous assimiler?

Il était impossible qu'un protestant, au nom des religions dissidentes, ne prît point la parole sur un sujet si brûlant. Ce fut Rabaut-Saint-Étienne qui défendit les *non-catholiques*, qui n'avaient reçu de l'édit de novembre 1787 que « ce qu'on n'avait pu leur refuser », c'est-à-dire que le droit de voir enregistrer régulièrement leurs naissances, leurs mariages et leurs morts : jusque-là leurs enfants naissaient illégitimes, et les protestants étaient des proscrits à l'intérieur. Après 1787, ils ne pouvaient encore recevoir la croix comme indignes, et ils étaient réduits « comme des criminels à se dérober à la tyrannie de la loi, ou plutôt à rendre la loi ridicule par son injustice, en l'éludant ou la violant chaque jour ». Mais voici la Révolution, et ils relèvent leur tête humiliée par de longs outrages : il ont été jusqu'ici tolérés, supportés, ils réclament l'égalité pleine et entière, et ils l'obtiennent. « Je ne fais pas à la nation l'injustice de penser qu'elle puisse prononcer le mot d'intolérance; il est banni de notre langue, ou il n'y subsistera plus que comme un de ces mots barbares et surannés dont on ne se sert plus, parce que l'idée qu'il représente est anéantie. Mais, Messieurs, ce n'est pas même la tolérance que je réclame; c'est la liberté. La tolérance ! le support ! le pardon ! la clémence ! idées souverainement injustes envers les dissidents, tant qu'il sera vrai que la différence d'opinion n'est pas un crime. La tolérance ! Je demande qu'il soit proscrit à son tour, et il le sera, ce mot injuste qui ne nous présente que comme des citoyens dignes de pitié, comme des coupables auxquels on pardonne, ceux que le hasard souvent et l'éducation ont amenés à penser d'une autre manière que nous. L'erreur, Messieurs, n'est pas un crime : celui qui la professe la prend pour la vérité; elle est la vérité pour lui; il est obligé de la professer, et nul homme, nulle société, n'a le droit de le lui défendre. » Voilà la formule même de la liberté de conscience; l'erreur, quand elle est sincère, est plus qu'un droit, c'est un devoir, et il y a hypocrisie à l'échanger contre la vérité. J'ai le droit de me tromper, et vous avez le devoir, non de partager ou d'approuver, mais de respecter mon erreur. La raison en est simple : si l'erreur est le résultat de causes fatales, éducation ou naissance, elle ne m'est point imputable; et si elle est l'œuvre de ma liberté, le fruit de ma raison volontairement employée à résoudre les grands problèmes qui s'imposent à l'homme, vous devez respecter, dans cette erreur, ma liberté même. La seule erreur qui ne mérite ni indulgence ni pitié, c'est l'erreur intolérante : il ne faut pas essayer de convaincre ou de persuader les into-

lérants et les hypocrites, il faut les tenir en respect et se
bien garder de mépriser leurs attaques, car elles s'adressent à ce qui fait toute la dignité de l'être humain, la raison
et la liberté.

Les orateurs catholiques répétèrent à satiété le mot de
Plutarque, qu'on bâtirait plutôt une ville dans les airs que
de fonder une société sans religion. Voici un spécimen de
ces variations sur un thème ancien : « La religion, disait
Clermont-Lodève, voilà la vraie garantie des lois; sans elle
je ne serai jamais assez garanti contre la perfidie. Qui ga-
rantira ma vie contre les embûches, mon honneur contre la
calomnie? Sans la religion, tous les rapports de la société
sont séparés; sans elle, à peine suis-je le maître de ma personne... » Comme on sent le déclamateur amoureux des
paroles, et que nous sommes loin du bon sens éloquent de
Mirabeau! Qui ne voit que sous ce mot de religion on entend,
par un évident sophisme, toute moralité, toute bonne foi,
toute dignité, d'où il est aisé de conclure que la religion
est nécessaire à l'État et même qu'il est nécessaire d'adop-
ter une religion d'État ou de décréter une religion civile.

CHAPITRE VII

LA LIBERTÉ DE LA PRESSE

Quand les Chambres discutent aujourd'hui un projet de loi sur la liberté de la presse, personne ne songe à réclamer l'inviolabilité du secret de la poste; c'est le signe d'un grand progrès dans nos mœurs. Il y avait peu de cahiers qui ne protestassent contre la violation du secret des lettres et contre le cabinet noir, devenu un instrument de règne. Louis XV trouvait un plaisir royal à suivre jour par jour des intrigues qui n'étaient pas des complots, et appréciait beaucoup ces documents humains pris sur le vif. C'était un véritable crime de lèse-conscience.

On doit donc regarder la discussion du 25 juillet comme le préambule de la discussion sur la liberté de la presse qui ne s'ouvrit que trois mois plus tard. Des lettres compromettantes adressées au comte d'Artois par M. de Castelneau, ambassadeur à Genève, avaient été interceptées par un membre de la commune de Paris et communiquées au président de l'Assemblée; il s'agissait de décider si on les ouvrirait sous ce seul prétexte « qu'écrites par des ennemis et à des ennemis de la liberté nationale », elles étaient justement suspectes. Duport déclara que « rien n'est plus funeste et plus préjudiciable à l'ordre de la société que le

droit de pouvoir violer, sous quelque prétexte que ce soit, l'inviolabilité du secret des postes », et que cet espionnage à l'intérieur, cette inquisition révoltante, avait été une des principales causes de la chute de Turgot. Mirabeau appuya la motion de Duport avec sa véhémence et son éloquence habituelles : « Est-ce à un peuple qui veut devenir libre, s'écria-t-il, à emprunter les maximes et les procédés de la tyrannie? Peut-il lui convenir de blesser la morale après avoir été si longtemps victime de ceux qui la violèrent? Que ces politiques vulgaires qui font passer avant la justice ce que, dans leurs étroites combinaisons, ils osent appeler *l'utilité publique;* que ces politiques nous disent du moins quel intérêt peut colorer cette violation de la probité natio-nale? Qu'apprendrons-nous par cette honteuse inquisition des lettres? De viles et sales intrigues, des anecdotes scandaleuses, de méprisables frivolités. Croit-on que les complots circulent par les courriers ordinaires?... C'est donc sans aucune utilité qu'on violerait le secret des familles, le commerce des absents, les confidences de l'amitié, la confiance entre les hommes. Un procédé si coupable n'aurait pas même une excuse, et l'on dirait de nous dans l'Europe :
« En France, sous le prétexte de la sûreté publique, on prive
« les citoyens de tout droit de propriété sur les lettres qui
« sont les productions du cœur et les trésors de la conscience.
« Ce dernier asile de la liberté a été impunément violé par
« ceux mêmes que la nation avait délégués pour assurer tous
« ses droits. Ils ont décidé, par le fait, que les plus secrètes
« communications de l'âme, les conjectures les plus hasar-
« dées de l'esprit, les émotions d'une colère mal fondée, les
« erreurs souvent redressées le moment d'après, pouvaient
« être transformées en dépositions contre des tiers; que le
« citoyen, l'ami, le fils, le père, deviendraient ainsi les juges
« les uns des autres, sans le savoir; qu'ils pourront périr un
« jour l'un par l'autre; car l'Assemblée nationale a déclaré

« qu'elle ferait servir de base à ses jugements des commu-
« nications équivoques et surprises, qu'elle n'a pu se pro-
« curer que par un crime ! » C'était là un beau prélude aux
discussions sur la liberté de la presse. Mais les principes
sont ici beaucoup moins simples et évidents.

MAXIMILIEN-MARIE-SUDORE ROBESPIERRE
Député de la province d'Artois.

On peut d'abord réclamer une liberté absolue et illimitée : cette solution très simple fut proposée par Robespierre
et Barère[1]. « L'arbre de la liberté, disait ce dernier, ne

1. L'auteur des *Révolutions de Paris*, E. LOUSTALLOT, dès le début de la
Révolution (16 août 89), tirait d'excellents principes auxquels il resta géné-

croit que par l'influence salutaire de la liberté d'imprimer. »
Il soutenait d'ailleurs que tout projet restrictif demeurerait
stérile et impuissant, car « le moment est venu où aucune
vérité ne peut plus être dérobée aux regards humains ». Il
y a beaucoup de vague dans ces formules : si Barère admettait que la loi devait punir l'*abus* de la liberté de la presse,
il ne distinguait nullement l'abus de l'usage et semblait
croire qu'on ne peut imprimer que des vérités. Il défendait
sa propre cause, puisqu'il rédigeait, d'ailleurs avec assez
d'impartialité, *le Point du jour*, auquel nous avons emprunté
dans ces pages plusieurs renseignements précieux. Robespierre ne voulait même pas entendre parler d'abus possi-
bles : « Le despotisme seul, disait-il, a imaginé des restric-
tions. » L'article primitif portait que la liberté de la presse
ne doit être restreinte qu'autant qu'elle nuit aux droits d'autrui, et Robespierre soutenait « qu'il n'y a pas de tyran sur
la terre qui ne signât un tel article ». Il est vrai que l'amendement proposé par l'évêque d'Amiens, « pour la conservation des mœurs et l'intégrité de la foi », était assez inquié-
tant. Le lumineux bon sens de Mirabeau fixa cette fois
encore les vrais principes. Il voulait supprimer le mot *res-
treindre* et le remplacer par le mot *réprimer* : « On vous
laisse, disait-il, une écritoire pour écrire une lettre calom-
nieuse, une presse pour imprimer un libelle, il faut que
vous soyez puni quand le délit est consommé : or ceci est
répression, non *restriction*; c'est le délit que l'on punit, et
l'on ne doit pas gêner la liberté des hommes sous prétexte

ralement fidèle, mais que beaucoup violèrent impudemment dans un camp
comme dans l'autre : « La première obligation d'un écrivain politique est
de défendre la liberté et les droits du citoyen : s'il vend sa plume à des ven-
geances particulières, s'il la fait servir aux siennes propres, s'il applaudit
à l'oppression, tous ceux qui courent la même carrière doivent à l'honneur
des lettres et à la tranquillité publique de protester hautement contre des
procédés capables de faire frémir chaque individu sur les suites de la
liberté de la presse. » (Voy. le livre de Marcellin Pellet sur Elysée Loustallot, p. 39.)

qu'ils veulent commettre des délits. » Il serait étrange que le quatrième pouvoir de l'État fût le seul qui eût tous les droits sans avoir aucun devoir. Un journal avait dénoncé Beaumarchais comme accapareur et mis sa liberté et sa vie en danger : « Votre dénonciation est un assassinat, » dit Lacretelle. C'était du moins une tentative d'assassinat, deux fois odieuse quand elle est anonyme comme était le *Discours de la Lanterne*. « Soyez des Catons, écrivait un jour Camille Desmoulins, et vous ne craindrez pas la liberté de la presse. » Bon conseil, qui n'est pas une solution !

Toutefois la question est loin d'être résolue par cette distinction : ce qui rend la théorie de la liberté de la presse particulièrement obscure et ses applications infiniment délicates, c'est que l'écrivain n'est pas toujours la cause immédiate du délit, mais, pour ainsi dire, la cause de la cause. La complicité, dans beaucoup de cas, est très réelle, sans être démontrable ni répressible. « Quand le bras a failli, l'on en punit la tête, » dit un vers de Corneille ; mais la tête qui conseille n'appartient pas au même corps que la main qui exécute : un Marat pousse au meurtre, et se lave les mains quand un énergumène change la propagande par le journal en propagande par l'action. La liberté est donc, dans l'espèce, indéterminée et indéfinissable, parce que la pensée ne se laisse enfermer ni dans une loi ni dans une formule et tend toujours à se dépasser elle-même. On peut dire à l'insulte et à la calomnie : « Tu n'iras pas plus loin ! » Comment le dire à la pensée ? Depuis l'*Évangile* jusqu'au *Contrat social*, toutes les révolutions se sont faites par le livre, mais le livre a d'abord été proscrit et brûlé. On connaît la liberté de la presse sous l'ancien régime : « Pourvu que je ne parle en mes écrits ni de l'autorité, ni du culte, ni de la politique, ni de la morale, ni des gens en place, ni des corps en crédit, ni de l'Opéra, ni des autres spectacles, ni de personne qui tienne à quelque chose, je puis tout imprimer

librement, sous l'inspection de deux ou trois censeurs. »
Beaumarchais trouva pourtant moyen de parler de tout cela ;
mais le plus beau livre du siècle, l'*Émile*, fut brûlé par la
main du bourreau. Grand progrès cependant, on ne brûlait
plus les auteurs. Quels qu'aient été pendant la période révolutionnaire les excès de la liberté de la presse, on comprend que cette liberté ait été saluée avec enthousiasme, et
que l'abbé Maury lui-même y ait applaudi en ces termes à
l'Assemblée nationale : « Votre conquête, c'est la liberté de
la presse, cette sanction permanente et toute-puissante de
l'opinion publique... La presse est libre! Il suffit, le genre
humain est sauvé! Il n'y aura plus de despotes! »

CHAPITRE VIII

LA PROPRIÉTÉ ET L'IMPÔT

Qui soutiendrait que c'est la Révolution qui a fondé parmi nous le droit de propriété serait certainement accusé de paradoxe. Pourtant rien n'est plus vrai, bien qu'on nous assure que le droit de propriété a reçu en 1789 « un coup terrible », et que s'il y a survécu jusqu'ici, s'il est parvenu à s'en relever, c'est uniquement parce que, « en dépit des sophistes, la loi divine et l'enseignement de l'Église n'ont pas perdu tout leur empire sur les âmes[1] ». Louis XIV avait si bien pressuré ses sujets qu'il eut un jour des remords et, pour rassurer sa conscience, consulta son clergé et ses jurisconsultes. Tous les biens de ses sujets appartiennent au roi : telle fut la réponse; et Louis XIV ne l'oublia jamais,

---

1. *La Révolution française*, par FREPPEL, p. 95. — Cf. le *Point du jour*, n. LXIV. « M. Duport a proposé ensuite un nouvel article sur la propriété; il serait aussi long que monotone de répéter les discussions élevées sur les mots *juste et préalable indemnité* M. de Frondeville voulait qu'on y ajoutât *équivalente*; ce mot paraissait à certains un pléonasme. Le mot *juste* paraissait à d'autres trop vague dans la législation, et M. l'évêque de Dijon trouvait destructif de la propriété l'article proposé par M. Duport comme un moyen conservateur; mais l'Assemblée a cru que les termes dans lesquels cet article est conçu sont une preuve évidente du respect qu'elle ne cessera de porter au droit sacré des propriétés, unique base des empires et des constitutions. »

car il légua cette précieuse consultation à son fils dans son testament. De cette doctrine résulte que tout ce que le roi laisse à ses sujets est un don et une grâce. C'était du reste la tradition des pères de l'Église et leur constante théorie de la propriété : « Hors le droit des empereurs, dit saint Augustin, personne ne peut dire : « Cette maison est à moi. » Et Bossuet, le dernier des pères de l'Église, dans sa *Politique tirée de l'Écriture sainte : « Otez le gouvernement, la terre et tous ses biens sont aussi communs entre les hommes que l'air et la lumière. Selon le droit primitif de la nature, nul n'a de droit particulier sur quoi que ce soit, et tout est en proie à tous... Du gouvernement est né le droit de propriété, et en général tout droit doit venir de l'autorité publique. »* Selon le législateur de 1789, au contraire, le gouvernement consacre, garantit la propriété, mais ne la crée pas : elle lui est antérieure et résulte immédiatement de la liberté et du travail. Voilà pourquoi les vilains ne sont plus taillables et corvéables à merci. Il ne faut pas dire simplement que la Révolution a créé la petite propriété, mais qu'elle a donné pour la première fois sa véritable base au droit de propriété.

Sieyès me semble le théoricien orthodoxe de la doctrine de la Constituante sur la propriété[1]. Il établit d'abord que l'état social favorise et augmente la liberté, puisqu'il assure et étend l'usage de tous nos droits naturels. Mais la liberté ne doit pas être refoulée dans le for intérieur : il faut qu'elle agisse, s'exerce, se déploie. Il faut donc qu'elle ait un instrument ; la première propriété de tout homme, c'est sa personne, son corps, ses actions, son travail; sans le travail, nos facultés resteraient comme ensevelies, et la liberté serait vaine et paralysée. Or, le travail suppose des outils, et nos premiers outils sont nos organes ; il suppose

1. Préliminaires de la Constitution (annexe à la séance de l'Assemblée nationale du 21 juillet 1789).

en outre une matière extérieure que nous transformons et
que nous tournons à notre usage. Primitivement, ni l'air
ni l'eau n'appartiennent à personne : mais dès que nous
respirons et que nous buvons, l'air et l'eau deviennent
notre substance ou notre propriété, puisqu'ils nous sont

ADRIEN DUPORT
Député de Paris.

assimilés. Semblablement, le bloc de marbre enfoui dans
la carrière n'appartient à personne ; mais que je l'amène à
la lumière, que je le taille, que je le transforme en Vénus
ou en Hercule, le voilà mien, non par le seul droit de premier occupant, mais surtout parce qu'il est la réalisation
extérieure de mes facultés, l'œuvre de ma volonté, et qu'il
porte l'empreinte de ma personnalité. Voilà un droit antérieur et supérieur à celui des empereurs et des rois.

Et voici l'article qui oblige l'État, autrefois seul propriétaire dans la personne du roi, à respecter la propriété individuelle : « Tous les citoyens ont le droit de constater par
eux-mêmes ou par leurs représentants la nécessité de la
contribution publique. » Ce petit article contenait à lui
seul toute la Révolution, car il ne faut pas oublier que primitivement les états généraux n'avaient été convoqués à
Versailles que pour voter des subsides et prévenir la ban-
queroute. Comme le dit fort justement Robespierre dans la
séance du 26 août, « celui qui a le droit de consentir l'impôt
a le droit de le répartir ». Ce n'est point encore assez : la
nation a seule le droit d'en déterminer la quotité, l'assiette
et le recouvrement. Persépolis, dit Voltaire dans un de ses
contes, a trente rois de la finance, qui tirent des millions
du peuple et qui en rendent au roi quelque chose. Ces rois
de la finance étaient les fermiers généraux, un des fléaux
du peuple et même des rois sous l'ancien régime. La gabelle,
par exemple, rapportait cent vingt millions, mais la ferme
générale en gardait soixante et daignait en laisser cinquante ou soixante au roi. La perception était une guerre
organisée, parfois sanglante, qui faisait peser sur le sol,
dit Michelet, une armée de « deux cent mille mangeurs.
Ces sauterelles rasaient tout, faisaient place nette. » Détail
plus odieux, les fermiers généraux avaient à leur service les
galères, la potence et la roue, et à leur dévotion une juri-
diction spéciale. Robespierre voulait qu'on définit l'impôt
« une portion des biens des citoyens mise en commun pour
subvenir aux dépenses de la sûreté publique ». Il insistait
beaucoup sur cette distinction : l'impôt ne « retranche »
rien de ma propriété ; ce que j'ai payé sous forme d'impôt
m'appartient encore ; j'en dispose réellement, mais à condition de me conformer à la volonté générale. On voit que
nous sommes aux antipodes de l'opinion de Louis XIV : là
un peuple dépouillé, du moins en théorie, de toute pro-

priété; ici un peuple qui ne perd même pas son droit de
propriété sur ce qu'il donne à titre d'impôt au gouvernement. Au point de vue du droit de propriété, il est donc
strictement exact de dire : « Le peuple n'était rien, désormais il sera tout. »

Nous sommes loin, on le voit, de ces abstractions
quintessenciées que l'on prétend former la trame de la
Déclaration : nous sommes en pleine et vivante réalité, et
ce Rousseau lui-même qu'on donne comme un métaphysicien du droit social avait peut-être vu et touché cette réalité de plus près que ses censeurs. Le meilleur commentaire de l'article 14 de la Déclaration serait un petit récit
des *Confessions* qui en dit long sur la situation du paysan
la veille de la Révolution, et nous le montre aussi courbé
sous les dures lois du fisc que les « animaux » à face
humaine au temps de La Bruyère. Un jour, le futur auteur
du *Contrat social,* s'étant égaré dans ses voyages entre
Genève et Lyon, entre chez un paysan et demande à man-
ger; le paysan craintif se fait prier, supplier, déclare qu'il
n'a rien, puis, prenant une brusque résolution, il ouvre une
trappe qui cachait des provisions et prépare au jeune
homme un fort bon déjeuner, omelette, jambon, pain blanc
et bon vin; Jean-Jacques ne savait que penser de cette hos-
pitalité durement refusée, puis cordialement accordée ; mais
quand il voulut payer, ce fut bien un autre embarras du
paysan, dont les perplexités faisaient peine à voir : « Enfin
il prononça en frémissant ces mots terribles de commis et
de rats de cave. Il me fit entendre qu'il cachait son vin à
cause des aides, qu'il cachait son pain à cause de la taille,
et qu'il serait un homme perdu si l'on pouvait se douter
qu'il ne mourait pas de faim. Tout ce qu'il me dit à ce sujet,
et dont je n'avais pas la moindre idée, me fit une impression qui ne s'effacera jamais. Ce fut là le germe de cette
haine inextinguible qui se développa depuis dans mon

cœur contre les vexations qu'éprouve le malheureux peuple contre ses oppresseurs. »

La Déclaration de 1793 ne sera pas moins explicite sur le
droit de propriété. L'article 18 porte, en effet, que « nul ne
peut être privé de sa propriété sans son consentement, si
ce n'est lorsque la nécessité publique, légalement constatée,
l'exige, et sous la condition d'une juste et préalable indemnité ». C'est donc bien vainement que Louis Blanc essaye
de tirer des principes de la Révolution le socialisme, et que
Freppel essaye de pousser la Révolution au socialisme avec
cette intention peu dissimulée de la réfuter par l'absurde.
Louis Blanc ne demande qu'un tout petit changement au
texte de 93, un monosyllabe, moins encore, une lettre : il
suffira d'écrire *la* au lieu de *sa* propriété. Mais nos pères
ne sont plus là pour autoriser ce changement : Louis Blanc
avoue d'ailleurs de bonne grâce, forcé par l'évidence, qu'entre ces deux expressions du droit il y a un abîme, mais
qu' « il faut le franchir pour n'avoir pas à le combler ».
Bien des batailles de rues et d'idées n'ont réussi encore ni
à le franchir ni à le combler.

Il y avait toutefois dans la Déclaration de 1789 elle-
même, dès le premier article qui nous déclare « égaux en
droits », comme un germe de socialisme ou de commu-
nisme : c'est en combinant cette déclaration d'égalité avec
cette autre déclaration de 93 que « le but de la société est
le bonheur commun », c'est, dis-je, en combinant ces deux
idées que Babeuf réclama, pour compléter l'égalité devant
la loi, l'*égalité réelle*, la loi agraire, plus que le partage, la
communauté, la *république des égaux*. Voilà, il faut le reconnaître, un germe de socialisme qui a promptement levé :
Babeuf était d'ailleurs un esprit étroit qui, dans sa conspi-
ration, se préoccupait peu des déductions et, ne comptant
que sur la violence, donnait même, avec une certaine clair-
voyance cynique, la *dépopulation* comme une condition de

l'égalité réelle et admettait avec un sombre enthousiasme l'égalité dans l'abaissement : « Périssent tous les arts, pourvu qu'il nous reste l'égalité réelle! » Les socialistes d'aujourd'hui le répudieraient hautement.

« Un fait est certain, dit l'évêque Freppel, c'est que le socialisme est en germe dans la Révolution française ; » et il le prouve en invoquant non l'égalité proclamée par la Constituante, mais le droit d'expropriation pour cause d'utilité publique. Les extrêmes se touchent : Freppel songe aux biens du clergé, aux biens de mainmorte. Il confond avec la propriété les abus de la propriété. Bien avant la Déclaration, Turgot avait dit : « Eh quoi! si un citoyen d'Athènes eût créé une fondation en faveur du temple de Vénus, nous serions encore obligés aujourd'hui d'entretenir un corps de prêtres pour faire des sacrifices à Vénus! »

CHAPITRE IX

LA SÉPARATION DES POUVOIRS ET LA RESPONSABILITÉ
DES AGENTS

Il y a dans la Déclaration un certain nombre d'articles qui seraient aussi bien à leur place, il faut le reconnaître, dans la Constitution[1]. Robespierre n'avait peut-être pas tort d'en exclure le principe de la séparation des pouvoirs exécutif,

[1]. M. AULARD (la Révolution française, n° d'août 1898) remarque ingénieusement qu' « on peut considérer la Déclaration à un double point de vue, négatif ou positif, comme détruisant le passé ou comme édifiant l'avenir. Aujourd'hui, rétrospectivement, nous la considérons surtout au second point de vue, c'est-à-dire comme le programme politique et social de la France à partir de 1789. Les hommes de la Révolution la considérèrent surtout au premier point de vue, comme la notification du décès de l'ancien régime, et, ainsi que le veut le préambule, comme une barrière contre une résurrection possible de cet ancien régime, tout de même que les Américains avaient édifié leur déclaration des droits en machine de guerre contre le roi d'Angleterre et le système despotique. » M. Aulard remarque que le second point de vue, les Constituants le laissèrent volontiers dans l'ombre et qu'il y eut la *politique du voile*. De là cette exclamation qu'on rencontre souvent chez les orateurs exaltés : « Je vais déchirer le voile! » Le principe de l'égalité des droits était, en effet, la *démocratie*, le suffrage universel, et on allait se contenter du suffrage censitaire. Le principe de la souveraineté de la nation, c'était la *République*, et on allait maintenir la monarchie. Du moins le principe de la séparation des pouvoirs et de la responsabilité des agents sauvegardèrent-ils, à ce qu'il semblait aux constituants, l'essentiel de la démocratie et l'essentiel de la République : il fallait maintenir l'essentiel d'autant plus fortement qu'on ne croyait pas pouvoir établir davantage. Voilà pourquoi un article de la Constitution est devenu un article de la Déclaration.

législatif et judiciaire, pour cette raison que « ce principe
est étranger à la Déclaration des droits ». Target soutenait
au contraire que « cet objet terminait noblement et conve-

GUY-J.-B. TARGET
Député de Paris, avocat au Parlement.

nablement la Déclaration, et que le premier article de la
Constitution n'en serait que le développement ». Ce sont
les expressions que lui prête le *Point du jour*, et il ajoute
qu' « il proposa un projet de rédaction qui comprenait les
articles 23 et 24 du sixième bureau ».

La théorie de la séparation des pouvoirs est de Montes-

quieu, et Mounier la résume et la caractérise très bien dans
ce passage de ses *Considérations sur les gouvernements* :
« Pour empêcher la tyrannie, il est absolument indispensable de ne pas confondre avec le pouvoir de faire les lois
celui qui doit les faire exécuter ; si leur exécution était confiée à ceux qui les établissent, ils ne se considéreraient
jamais comme engagés par des lois antérieures... C'est une
vérité incontestable que la réunion des pouvoirs détruit entièrement l'autorité des lois et forme le despotisme. » J.-J.
Rousseau n'eût pas été sur ce point un excellent guide : il ne
comprit et n'admit jamais le gouvernement parlementaire ;
il soutenait même que le principe de la représentation était
destructeur de toute liberté ; son idéal était le type antique
des républiques où les citoyens, réunis presque en perma-
nence sur la place publique, délibéraient directement et
sans représentants. Rousseau était obligé de convenir que
son idéal démocratique ne pouvait être réalisé que dans une
république extrêmement restreinte en étendue. On pourrait
sans doute étendre le nombre de « douze ou quinze cents
hommes éclairés, égaux en richesse, pleins de zèle pour la
patrie », que voulait Mounier pour qu'un tel gouvernement
fût possible : depuis un demi-siècle, les chemins de fer ont
rapproché les distances, et le télégraphe les a presque sup-
primées. Toutefois Mounier était « si frappé des inconvé-
nients inséparables de la démocratie pure, qu'en supposant
qu'il existât une nation digne de la posséder, il ne pourrait
lui en conseiller l'usage ». Voilà pourquoi la Constituante
est fermement convaincue que le gouvernement d'un grand
pays doit être représentatif ; c'est pour elle un article de foi
politique comme la division des pouvoirs. « La représentation du peuple, dit Mounier, malgré tous les sophismes des
admirateurs outrés des Grecs et des Romains, est véritablement la plus belle, la plus heureuse de toutes les institutions
politiques. » La pire des Chambres, a-t-on dit avec justesse,

vaut encore cent fois mieux que la plus brillante des anti-
chambres.

Comme le pouvoir exécutif dispose de la force publique,
on s'explique aisément que la Constituante ait eu hâte de décréter que cette force est constituée pour l'avantage de tous,
et non pour l'utilité particulière de ceux auxquels elle est
confiée : on craignait à chaque instant un coup de force contre la représentation nationale ou, selon un mot néfaste, une
tentative de sortir de la légalité pour rentrer dans le droit.
« L'esprit de la République, disait J.-J. Rousseau, veut que
le militaire soit extrêmement subordonné au magistrat, et
ne se regarde que comme le ministre des ministres de la
loi. » Cette hâte était parfaitement justifiée. Le césarisme
est un péril si redoutable, il menace si directement l'exis-
tence même de la société civile et l'exercice de la souveraineté nationale, qu'il ne convenait pas de renvoyer à la
Constitution cet article fondamental. La fuite de Louis XVI
et la coalition des émigrés prouvèrent bientôt que la Constituante, en prenant tout d'abord des garanties, purement
morales il est vrai, faisait preuve d'une profonde prévoyance
et d'un grand sens politique.

Un commentateur de nos constitutions, Faustin Hélie,
n'a-t-il pas eu le triste courage de soutenir qu'un usage si
criminel de la force publique pouvait se justifier, que « Louis-
Napoléon, le 2 décembre 1851, remplissait son devoir envers
la France en brisant un ressort mensonger, et que, sortant
à bon droit d'une fausse apparence de légalité, il remettait
les choses dans l'ordre et la justice »? Ce singulier casuiste
politique déclare même que les *dissimulations* de Louis-
Napoléon envers les deux assemblées lui étaient dictées par
le devoir, que les massacres du 2 décembre et leur suite
furent « l'œuvre manifeste de la Providence » et marquè-
rent « la longueur de ses desseins sur la nation française ».
Cette justification d'un coup d'État, déclaré « légitime et

sans reproche comme celui de brumaire », confond l'esprit,
révolte la conscience; rien n'explique mieux la nécessité de
l'article 12 de la Déclaration. L'honnèteté politique et l'honnèteté morale sont étroitement liées entre elles : « Quant au
serment prêté le 20 décembre 1848 par le président en vertu
de la Constitution, dit notre jurisconsulte, je pense que ce serment ne liait pas sa conscience[1]. » On abuse les peuples avec
des serments comme on amuse les enfants avec des osselets !

Un mot encore sur la responsabilité des agents du pouvoir,
et nous aurons terminé l'étude des discussions parlementaires qui aboutissent à la Déclaration. Mirabeau voulait que
cette responsabilité fût effective, complète, parce qu'elle
seule assure la réalité de la liberté individuelle : « Si la loi
de responsabilité ne s'étendait pas sur tous les agents su-
balternes du despotisme, si elle n'existait pas surtout parmi
nous, il n'y aurait pas de nation sur la terre plus faite que
nous pour l'esclavage. Il n'y en a pas qui ait été plus insul-
tée, plus oppressée par le despotisme. Jusqu'en 1703 il existait une loi salutaire que tout détenu devait être interrogé
dans les vingt-quatre heures de sa détention. En 1765 elle
a été abolie. Un monceau de lettres de cachet a précipité une
foule de citoyens dans les cachots de la Bastille. Je le répète :
notre liberté exige la responsabilité de toute la hiérarchie
des mandataires. Tout subalterne est responsable, et vous ne
serez jamais que des esclaves si, depuis le premier vizir jusqu'au dernier sbire, la responsabilité n'est pas établie. »

Maintenant que le lecteur connaît l'esprit et la lettre de
ces mémorables discussions[2], je puis lui livrer en toute confiance l'appréciation dénigrante et haineuse de l'historien

1. FAUSTIN-ADOLPHE HÉLIE, les Constitutions de la France, second empire.
2. Le Point du jour (27 avril) : « On a proposé d'y ajouter quelques articles
intéressants. Dans ce nombre paraissait devoir entrer le droit qu'a tout
citoyen de corriger la Constitution... S'il est convenu, a dit le comte de Montmorency, que ce droit doit être exercé, il est désirable sans doute qu'il le soit
par des moyens légaux et paisibles, prévus par la Constitution, et garantis

allemand H. de Sybel ; il jugera en connaissance de cause et
verra de quel côté est la vérité et la justice : « Rien n'est plus
pénible, plus fastidieux, plus humiliant, dit-il, que ces discussions dans lesquelles on cherchait à faire décréter à la majorité
des voix ce que signifiaient les mots de droit et de liberté. »
Serait-il vrai que ces beaux mots bien français ont perdu leur
sens de l'autre côté du Rhin ? Mais la vérité est si puissante
qu'elle arrache des aveux qui sont de flagrantes contradictions, et nous ne pouvons mieux terminer que par cette appréciation du même historien proclamant malgré lui l'éternelle
beauté de ces discussions « pénibles et humiliantes ». Il dit en
effet : « La Déclaration des droits, en dépit de ses graves im-
perfections, restera comme un grand monument placé à la limite de deux époques bien différentes pour la France ; elle mar-
quera à jamais la source et le cours de ce torrent dont les flots
ne tariront plus dans la vie politique des États européens[1]. »

par elle ; il ne faut pas que le peuple puisse gémir longtemps d'un mauvais
ordre de choses, ou que l'impossibilité du remède ne lui laisse alors que le
choix du découragement ou de l'insurrection. »

1. H. DE SYBEL, *Histoire de l'Europe pendant la Révolution française*, trad.
de M⁽ᵉ M. Dosquet, t. Iᵉʳ, p. 77 et 81.

LIBERTÉ, ÉGALITÉ par Prudhon.

L'HEURE PREMIÈRE DE LA LIBERTÉ, PAR L. CARPANIER
(Les sept prisonniers de la Bastille délivrés et promenés dans la rue Saint-Antoine.)

TROISIÈME PARTIE

LES CRITIQUES

CHAPITRE PREMIER

SOURCES DIVERSES DES OBJECTIONS

Avez-vous vu la *Rixe* de Meissonnier ou la gravure qui a
popularisé cette œuvre? Deux grands et solides gaillards,
aussi habiles à manier le poignard que l'épée, se sont pris
de querelle dans une taverne; le sang va couler, un meurtre est imminent si les deux compagnons qui s'efforcent de
les désarmer ne réussissent ni à les convaincre ni à les contraindre. Faites une expérience : cachez l'un des adversaires
avec un écran et oubliez sa présence; regardez maintenant
les muscles tendus, les traits crispés, les yeux étincelants,
l'attitude provocante de l'autre personnage : vous vous direz
sûrement que le peintre a voulu représenter non un duel
à mort, mais un accès subit de folie furieuse et de délire
homicide. Voilà, pris sur le vif, tout l'art des détracteurs de
la Révolution : c'est un duel, et ils dissimulent, on dirait
presque ils escamotent un des adversaires, c'est-à-dire le roi
et la cour; dès lors le peuple nous produit l'étrange impression d'un fou que la manie de destruction pousse à donner
au hasard tout autour de lui de furieux coups. Vous flétrissez
les abus, lui dit-on, personne ne les défend; vous reven-
diquez vos droits, personne ne les conteste : on hausse les

épaules de pitié devant cette obstination à enfoncer les portes ouvertes. « Ce qu'il ne faut pas se lasser de dire et de
répéter, pour l'appréciation saine et équitable des événements de 1789, c'est que ces abus, nul ne songeait à les
maintenir; ces réformes, tout le monde était d'accord pour
les opérer[1]. » On est d'accord, et c'est pour ce motif qu'on
se bat! C'est l'anarchie spontanée.

Appliquée à la Déclaration, cette tactique consiste à la
diviser en deux parties, l'une qui ne contient que des lieux
communs, l'autre que des erreurs; on raillera donc la première avec tout l'esprit dont on est capable, et on tonnera
contre la seconde avec toute l'éloquence qu'on croit avoir.
Il y a bien quelque disparate et même quelque contradiction
dans ces deux procédés, mais ils réussissent toujours : après
avoir comparé la Déclaration à un vieil air démodé et l'avoir,
au besoin, qualifiée de « pont-neuf » ou de « guitare », il
suffit d'une habile transition pour passer aux épithètes de
J. de Maistre et nommer les principes de 1789 « infernaux »
et « sataniques ». Il arrive même que, par un véritable tour
de force, on fasse entrer l'ironie dans l'éloquence et l'éloquence dans l'ironie : alors on déclare que la Révolution
française est *providentielle*, mais comme les fléaux, comme
la folie, que les anciens nommaient la *maladie sacrée*. J. de
Maistre n'hésite pas à proclamer que la Révolution est un
miracle : « Que, dans le cœur de l'hiver, un homme commande à un arbre, devant mille témoins, de se couvrir subi-
tement de feuilles et de fruits, et que l'arbre obéisse, tout
le monde criera au miracle et s'inclinera devant le thauma-
turge. Mais la Révolution française... est aussi merveilleuse

---

1. FREPPEL, *la Révolution française*, p. 13. Je ne m'excuse pas de citer si
souvent ce curieux petit livre, qui n'est qu'un ouvrage de circonstance et de
polémique; dans sa brièveté, il synthétise parfaitement les objections con-
temporaines de tout un puissant parti, détracteur systématique en tout ce
qui touche à la Révolution.

dans son genre que la fructification instantanée d'un arbre au mois de janvier[1]. »

Par malheur, nous nous lassons si vite, en France, d'entendre appeler Aristide le juste, que les détracteurs des principes de 1789 ont des alliés parmi ceux mêmes qui devraient les défendre. P. Janet en a montré la raison par

REVEIL DU TIERS ETAT.

IL ÉTAIT TEMPS !
Caricature de 1789.

de fines analyses psychologiques. Il y a d'abord une sorte de raffinement et de dilettantisme qui consiste à prendre le contre-pied de l'opinion générale et qui fait qu'on rougirait de penser comme un bourgeois, comme un ouvrier. Il y a ensuite une fatalité attachée aux lieux communs de la politique quotidienne qui abaisse et parfois avilit la thèse qu'elle défend, car elle la met en contact avec la réalité et ses misè-

1. J. DE MAISTRE, *Considérations sur la France*, chap. Ier.

res, avec les passions et leur égoïsme : la démocratie héroïque et militante devenue la démocratie triomphante, aux
prises avec les difficultés de chaque jour, perd un peu de son
prestige et dissipe certaines illusions des esprits utopiques
ou exaltés. Enfin le scepticisme nous envahit, et nous nous
lassons de combattre pour une idée, surtout si nous ne
sommes que de simples soldats; du scepticisme au découragement, à la raillerie et au dénigrement, il n'y a qu'un pas.

Taine s'est attaché à montrer dans la Révolution surtout
ses taches et ses verrues. L'apologie étant devenue lieu
commun, il lui plaisait de rajeunir le sujet en adoptant le
paradoxe du dénigrement. Il n'avait pas pour excuse de
professer une admiration bien enthousiaste pour l'ancienne
monarchie ou la France des croisades. N'avait-il pas écrit
trente ans plus tôt : « Ceux qui profitent de l'inégalité sont
ses ennemis naturels, et pour défendre de toute atteinte
l'inégalité et l'injustice, ils font la guerre à la justice et au
droit... Aucune classe aujourd'hui ne regarde l'État comme
son domaine propre ; c'est une gloire pour la raison et c'est
un progrès pour la justice de l'avoir restitué à son légitime
propriétaire, à la nation[1]. » A cette date il croyait donc
encore que la Révolution française pouvait être caractérisée
comme la définit Michelet : l'avènement de la loi, la résurrection du droit, la réaction de la justice. C'est le cas de
demander avec le poète : « Comment en un plomb vil l'or
pur s'est-il changé ? »

L'or n'a point été changé en plomb : la partialité savante
et passionnée d'un historien ne produira jamais cette méta-
morphose. Qu'importent au fond les dissertations érudites
des uns et les déclamations véhémentes des autres, les
motifs secrets et les buts avoués? Tenons-nous aux principes : il s'agit de prouver par une froide mais rigoureuse

1. *Les Philosophes français du dix-neuvième siècle*, p. 108 (édit. de 1857).

argumentation qu'ils n'ont point été ébranlés, et pour cela il faut d'abord ramener les objections de tous les assembleurs de nuages à quelques arguments fondamentaux dont il leur est impossible de sortir et qu'ils reproduisent sous mille formes diverses, avec une obstination infatigable et une inépuisable fécondité.

Il n'y a que deux sortes de critiques : l'une négative, qui détruit sans remplacer; l'autre positive, qui remplace ce qu'elle détruit. La première s'attaque tantôt à la forme de la Déclaration, et alors elle s'efforce d'en faire ressortir les points faibles et les lacunes; tantôt à son principe même, et alors elle s'engage à démontrer qu'elle n'a d'autres fondements que des idées chimériques et des utopies irréalisables. La critique positive, plus redoutable, supprime le droit et le remplace tantôt par l'harmonie des intérêts, tantôt par la primauté et la suprématie de la force. L'idée d'intérêt prédomine dans les théories anglaises, et l'esprit allemand se résume dans le mot célèbre : « La force prime le droit. » Notre tâche serait bien lourde s'il fallait discuter en détail ces quatre classes d'objections. Contentons-nous de tracer les grandes lignes, en nous faisant une loi d'aborder toujours de front les difficultés, sans jamais les nier ou les amoindrir, car la cause n'admet pas la déclamation et n'est point de celles où l'on plaide les circonstances atténuantes.

CHAPITRE II

LES PRÉTENDUES LACUNES DE LA DÉCLARATION

Ceux qui trouvent la Déclaration incomplète et insuffisante lui font le double reproche d'avoir oublié de placer les devoirs à côté des droits et d'avoir passé sous silence certains droits essentiels, par exemple la liberté d'association et d'enseignement. On peut trouver aussi que s'il y est beaucoup question de liberté et d'égalité, on y parle trop peu de fraternité.

Le premier reproche est peu fondé : sans doute le droit et le devoir s'impliquent et sont corrélatifs; mais faut-il en conclure qu'une déclaration est un traité de morale et que le législateur est un casuiste? Au point de vue politique, le devoir rentre dans le droit, ou plutôt le devoir n'est que la limite du droit[1]. Ce qui n'est pas défendu par la loi ne peut être empêché, et nul ne peut être contraint à faire ce qu'elle

1. Voici la Déclaration des devoirs, qui fait suite à la Déclaration des droits de 1795 :

Article premier. — La Déclaration des droits contient les obligations des législateurs : le maintien de la société demande que ceux qui la composent connaissent et remplissent également leurs devoirs.

Art. 2. — Tous les devoirs de l'homme et du citoyen dérivent de ces deux principes gravés par la nature dans tous les cœurs : « Ne faites pas à autrui ce que vous ne voudriez pas qu'on vous fît; faites constamment aux autres le bien que vous voudriez en recevoir. »

Art. 3. —Les obligations de chacun envers la société consistent à la dé-

n'ordonne pas, dit la Déclaration. Par conséquent, lorsque
le législateur de 1795 introduit dans le texte ces deux ex-
cellentes maximes : « Ne faites pas à autrui ce que vous ne
voudriez pas qu'on vous fît, » et : « Faites constamment aux
autres le bien que vous voudriez en recevoir, » il se méprend
totalement sur le rôle d'une déclaration, car il ordonne une
chose que la loi ne peut contraindre à faire et défend une

LE CHAR TIRÉ EN SENS CONTRAIRE PAR LES TROIS ORDRES

chose que la loi ne peut empêcher. La mission de la société
fendre, à la servir, à vivre soumis aux lois, et à respecter ceux qui en sont
les organes.

Art. 4. — Nul n'est bon citoyen s'il n'est bon fils, bon père, bon frère, bon
ami, bon époux.

Art. 5. — Nul n'est homme de bien s'il n'est franchement et religieusement observateur des lois.

Art. 6. — Celui qui viole ouvertement les lois se déclare en état de guerre
avec la société.

Art. 7. — Celui qui, sans enfreindre les lois, les élude par ruse ou par
adresse, blesse les intérêts de tous ; il se rend indigne de leur bienveillance
et de leur estime.

Art. 8. — C'est sur le maintien des propriétés que reposent la culture des
terres, toutes les productions, tout moyen de travail et tout l'ordre social.

Art. 9. — Tout citoyen doit ses services à la patrie et au maintien de la
liberté, de l'égalité et de la propriété, toutes les fois que la loi l'appelle à les
défendre.

n'est pas de faire régner la vertu sur la terre, mais de nous donner la libre jouissance de nos droits : tout ce qui est du for intérieur lui échappe, et elle ne connaît mon devoir que dans la mesure exacte où il représente le droit d'autrui. On nous dit que nul n'est bon citoyen s'il n'est bon fils, bon père, bon frère, bon ami, bon époux : c'est très bien dit, et les électeurs ne feraient pas mal de se régler sur cet excellent avis pour choisir leurs représentants; mais quelle sera la sanction légale d'une telle maxime? Oterez-vous au mauvais fils, au volage époux et à l'infidèle ami leurs droits de citoyens? Ce serait une inquisition laïque. Vous faites donc une déclaration toute platonique, et vous pourriez, d'après le même principe, faire entrer tout La Bruyère dans votre texte. L'intention est excellente, la précaution est superflue.

Il y a plus : je soutiens que la Déclaration des droits contient implicitement une déclaration des devoirs. En effet, il s'agit ici non des devoirs *moraux* (la loi n'a pas d'autorité sur les consciences, et son règne expire au for intérieur), mais des devoirs *sociaux,* c'est-à-dire exigibles par la société. Mais ces devoirs ne sont pas autre chose que les limites de nos droits. Je dois respecter la propriété d'autrui et payer l'impôt : ce double devoir forme la limite de mon droit de propriété. De même, je jouis de la liberté des opinions et des cultes, mais il faut que je respecte l'ordre public établi par la loi : c'est la limite de mon droit, c'est mon devoir. La Constituante a dit tout cela en quelques mots : « L'exercice des droits naturels n'a de bornes que celles qui assurent aux autres membres de la société la jouissance de ces mêmes droits. » N'avez-vous pas été frappé de ce fait que le mot *loi* revient aussi souvent dans la Déclaration que le mot *droit?* La Constituante n'a jamais professé la doctrine révolutionnaire et anarchique des droits absolus et illimités : avec une grande précision et une parfaite fermeté, elle a fixé elle-même les limites de ces mêmes droits qu'elle déclare inaliénables.

La société, il ne faut jamais l'oublier, n'a pas la mission de scruter les intentions, qui pourtant font la moralité ou l'immoralité des actes : il suffit qu'elle fasse régner le droit. Dieu seul, comme on dit, sonde les cœurs et les reins. Le droit, c'est, selon Kant, l'accord des libertés; il ne touche donc pas au fond même de la liberté, il ne fait qu'en régler la manifestation; il n'atteint ni les intentions ni les consciences, et ne prescrit pas des devoirs, mais des actions. Toute autre doctrine conduirait à l'inquisition sur les consciences et à la tyrannie sur les volontés.

Ce n'est donc pas une simple défense, c'est une justification complète de la Déclaration sur ce point important : la Constituante fonde la société humaine, non la cité de Dieu. Il est plus difficile d'expliquer l'omission du droit de réunion, du droit d'association et de la liberté d'enseignement. On peut dire pourtant que le droit de réunion est partout sous-entendu, notamment dans l'article qui concerne la liberté des cultes, et que toutes les discussions semblent y faire allusion comme à un droit indiscutable. Le droit d'association, il faut le reconnaître, est entièrement passé sous silence; mais qu'on se rappelle que la Déclaration se rapporte à un peuple particulier et à une époque déterminée, et non d'une manière vague à tous les peuples et à tous les temps, et l'on comprendra l'omission : association était alors le synonyme de jurandes et maitrises, de congrégations, de la division de la nation en trois ordres hostiles, et dès lors le mot et la chose devaient paraître suspects. Même raisonnement en ce qui concerne la liberté d'enseignement : il eût été dérisoire de la décréter, puisque l'enseignement était si complètement à la merci des congrégations que c'eût été folie de songer seulement à leur faire concurrence. Encore moins devait-on signer pour l'État une sorte d'abdica-

tion anticipée de son droit d'enseignement : la seule résolution de faire enseigner dans toutes les écoles la Déclaration
était déjà l'affirmation du droit imprescriptible de l'État.

Les problèmes surgissent à mesure que la démocratie se
développe : les Constituants étaient trop de leur temps pour
avoir réponse à tout, et notamment aux questions qui se
posent et s'imposent au législateur actuel. Edgar Quinet
remarque que l'idée de la séparation de l'Église et de l'État
ne s'est jamais présentée à leur esprit. Ils y étaient si complètement étrangers que le catholicisme fut déclaré religion
nationale. Chaque époque fait naître un problème nouveau.

Notons cependant deux points importants : la Constituante
eut l'idée d'un enseignement national, universel et gratuit,
comme le prouve ce passage du titre premier de la Constitution : « Il sera créé et organisé une *Instruction publique*
commune à tous les citoyens, gratuite à l'égard des parties
d'enseignement indispensable pour tous les hommes. » C'est
presque la formule contemporaine ; c'est en tout cas le droit
à l'instruction nettement proclamé. Enfin, si on accusait la
Constituante d'avoir oublié la fraternité, elle se justifierait
par l'article suivant : « Il sera créé et organisé un établissement général de *secours publics* pour élever les enfants
abandonnés, soulager les pauvres infirmes, et fournir du
travail aux pauvres valides qui n'auraient pu s'en procurer. »
On ne proclame ni le droit au travail ni le droit à l'assistance : par un instinct extrêmement juste de la complica-
tion du problème, on tourne la difficulté en les transformant
en devoirs de la société.

CHAPITRE III

Les critiques précédentes admettaient le principe de la Déclaration et ne portaient que sur la forme; celles qui vont suivre en condamneront le principe même, soit au nom de l'histoire, soit au nom de la philosophie. C'est ainsi que J. de Maistre[1] a soutenu cette triple thèse, où tant d'autres ont puisé dans la suite, que les droits essentiels ne sauraient être écrits, qu'ils dérivent toujours de concessions du pouvoir, et que l'homme, considéré en général, n'a pas de droits, puisqu'il est un être abstrait et sans réalité[2]. « Il y

---

1. Voy. *Considérations sur la France*, chap. vi.
2. Nous n'insistons pas sur cette objection, surabondamment réfutée dans les chapitres précédents. Remarquons seulement qu'elle est la plus souvent et la plus injustement reproduite : « C'est, il ne faut pas se lasser de le redire, l'un des péchés capitaux de la Révolution d'avoir voulu légiférer pour un être abstrait, séparé de tout milieu et de toute qualité qui pourraient en faire autre chose qu'un homme purement et simplement. » (FREPPEL.) Nous avons cent fois prouvé le contraire. Et de quels maîtres nos pères auraient-ils appris que l'homme social est un être abstrait? Ce n'est certes pas de Montesquieu, dont tout le livre consiste à montrer l'influence des temps et des lieux sur les lois. Ce n'est pas davantage de J.-J. Rousseau, en dépit du caractère abstrait du *Contrat social*, sorte de mécanique rationnelle de la politique qui ne doit pas donner le change sur sa vraie et constante doctrine : « L'homme est un; mais l'homme, modifié par la religion, par les

a, dit-il, dans chaque constitution quelque chose qui ne peut être écrit, et qu'il faut laisser dans un nuage sombre et vénérable, sous peine de renverser l'État. » Les constitutions doivent-elles donc, comme le Nil, cacher leur source, se voiler de nuages, s'entourer de mystères? Cela répugne absolument à l'esprit moderne. « Plus on écrit, dit-il encore, et plus l'institution est faible. » Pourtant, nous aspirons tous à nous rendre compte de nos droits et de nos devoirs : c'est le caractère propre de l'homme, et tout ce qu'on peut accorder à J. de Maistre c'est qu'il ne faut pas ergoter en pareille matière; le raisonnement à outrance finirait par bannir la raison. On peut encore lui concéder qu'un texte donne prise à diverses interprétations sophistiques : on le tire à soi, on le torture, on le sollicite, mais qu'y faire? le législateur ne peut faire mieux que le Dieu de la Bible, qui a « livré son œuvre aux disputes des hommes ».

Quant à cette théorie des droits octroyés et fondés sur des concessions du pouvoir, elle est la négation radicale de tout l'esprit de la Révolution : il est inutile de s'y arrêter; et même il y a quelque chose de sombre et d'effrayant dans cette conception d'un législateur « qui n'écrit point », qui agit « par instinct et par impulsion », et qui « plie les volontés comme le vent courbe les moissons ». Toutes ces critiques aboutissent à la boutade bien connue : « Il n'y a point d'*homme* dans le monde. J'ai vu, dans ma vie, des Français, des Italiens, des Russes, etc.; je sais même, grâce à Montesquieu, *qu'on peut être Persan :* mais, quant à l'*homme*, je déclare ne l'avoir rencontré de ma vie; s'il existe, c'est bien à mon insu. » On peut demander d'abord au grand seigneur, très spirituel et très catholique, si Adam,

dans le paradis terrestre, était Français, Italien ou Russe;
voilà un *homme* du moins, et ses descendants pourraient
bien être des hommes avant d'appartenir à telle ou telle
nationalité! Assurément, s'il n'y a entre les hommes rien
de commun que le nom d'homme, il n'y a pas de droits
naturels, mais seulement des droits nationaux, tradition-

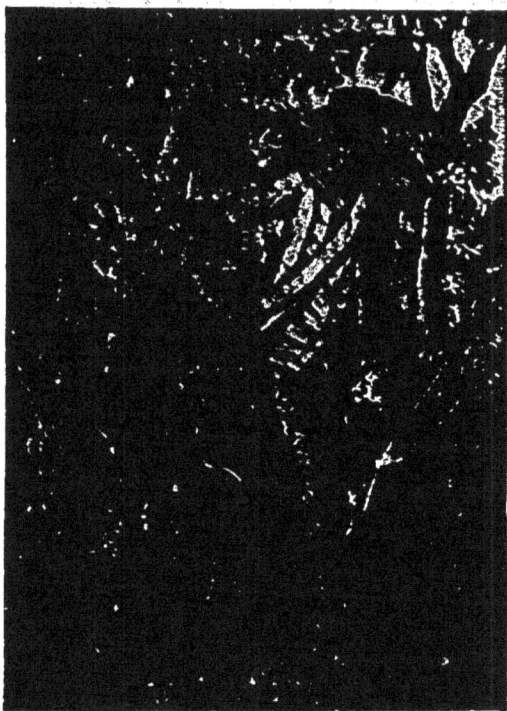

DES CAPITAINERIES, DÉLIVREZ-NOUS, SEIGNEUR!

nels, octroyés. Pourtant, les hommes participent à une
même raison qui est, dit Fénelon, le soleil des esprits.
L'homme, disaient les stoïciens, est *chose sacrée* pour
l'homme, et, selon Kant, il n'y a qu'une chose au monde
qui soit une *fin en soi*, l'humanité, le caractère d'homme,
seul objet du respect et du devoir. Jamais anatomiste n'a
relégué l'homme dans les espaces imaginaires sous le prétexte très peu scientifique que, n'ayant disséqué que des
Français, des Italiens ou des Russes, il ne lui a jamais été
donné d'étudier véritablement l'*homme*.

Étouffer le droit sous la tradition, c'est donc la tendance avouée de J. de Maistre : pas de droit qui ne soit octroyé. Ramener l'homme à l'animal, ne voir dans le droit rationnel que le déguisement hypocrite des instincts, c'est le système de Taine. Avec l'un je ne suis qu'un animal déchaîné, avec l'autre qu'un sujet révolté. C'est le poète ancien qui est dans le vrai : « Je suis homme, et rien d'humain ne peut m'être étranger. » La chose humaine par excellence, c'est le droit, principe de la justice. C'est ce qu'a vu supérieurement Fichte, parce qu'il a su s'élever à la vraie notion de la « destination de l'homme », jusqu'à « la forme originale de notre espèce ». Cette destination c'est, selon le grand éducateur de la nation allemande, « la culture », c'est-à-dire l'exercice de toutes nos facultés en vue de la liberté absolue. Il résume en deux mots la morale, « être libre, reste libre », et du même coup il donne aussi la formule suprême de toute constitution politique. Mais cet affranchissement n'est jamais définitif. Les institutions, fussent-elles les meilleures possible, ne sont jamais qu'une approximation de l'idéal : « Les mauvaises, dit-il, sont un feu de paille pourrie qu'il faut éteindre; les meilleures, une lampe qui se consume elle-même à mesure qu'elle éclaire[1]. » Et ce grand ébranlement de l'esprit germanique par la Révolution n'a pas été passager. Aucun jugement sur les principes de 89 n'est plus remarquable et plus vrai que celui de Hégel dans sa *Philosophie de l'histoire.* » Depuis que le soleil brillait au ciel et que les planètes tournaient autour de lui, on n'avait pas encore vu ceci : l'homme cherchant à reconstruire le monde social d'après la raison. Anaxagore avait dit le premier que l'esprit gouverne le monde; mais maintenant l'homme reconnait pour la première fois que la pensée doit régir aussi la société humaine. Ce fut comme un magnifique lever de soleil.

---

1. FICHTE, *Considérations sur la Révolution française*, trad. Borni, p. 127.

Une émotion sublime règne alors dans les âmes; l'enthousiasme de l'esprit agite le monde, comme si le divin se ré-
conciliait pour la première fois avec l'humain. »

Pourtant un grand philosophe français, Aug. Comte,
protesta au nom de sa doctrine, qui est le positivisme, contre cette « métaphysique révolutionnaire » et n'y vit que
l'erreur fondamentale qui consiste à « ériger systématique-
ment en état normal et permanent la situation nécessairement exceptionnelle et transitoire qui devait se développer chez les nations les plus avancées[1] ». Ses objections
sont les plus redoutables de toutes, car, d'une part, elles
reposent sur une doctrine cohérente, et, d'autre part, elles
ne sont nullement inspirées par un esprit de dénigrement.
« Laissons, dit-il, aux esprits vulgaires la puérile satisfaction de blâmer injustement la conduite politique de nos
pères, tout en profitant des progrès indispensables que nous
devons à leur énergique persévérance. »

Comment donc le fondateur du positivisme peut-il concilier son enthousiasme pour nos libérateurs de 89 et son
dédain pour des dogmes qu'il déclare, il est vrai, admirablement appropriés à l'époque où ils furent promulgués, mais
désormais dépassés et destinés à céder la place à des principes plus conformes à l'état social de la France? Il reproche à la notion de *droit*, comme à la notion de *cause*, leur
caractère métaphysique, c'est-à-dire supérieur à l'expérience,
dominant et réglant l'expérience. La période révolutionnaire
serait, si l'on en croit Aug. Comte, qui avait emprunté cette
distinction à Saint-Simon, une période *critique*, c'est-à-dire
destructive, négative, à laquelle doit succéder une période
organique, c'est-à-dire constructive. Il ramène tous les dogmes révolutionnaires à trois : liberté de conscience ou libre
examen, égalité entre les hommes, souveraineté du peuple.

1. Aug. Comte, *Cours de philosophie positive*, t. IV, 46ᵉ leçon.

Or, le libre examen ne saurait être, affirme-t-il, que provisoire. On trouverait absurde un homme qui examinerait
toujours sans se décider jamais. Il ne voit donc dans cet
esprit critique qui sonde les fondements sans jamais se
déclarer satisfait, que « la médiocrité intellectuelle unie à
l'inquiétude du caractère ». Mais, répondrons-nous, la Déclaration a précisément pour but de poser à part les principes
que l'on déclare indiscutables. Quant aux conséquences,
elles doivent sans cesse être étendues, rectifiées. Comte a
beau nous dire « qu'il n'y a point de liberté de conscience en
astronomie, en physique, en chimie, en physiologie même. »
Dans toutes ces sciences, dont la face se renouvelle sans
cesse, il n'y a non plus de stable et de définitif qu'un certain nombre de principes et de vérités fondamentales. Quoiqu'il raille les métaphysiciens qui croient à l'absolu, il
semble convaincu qu'il y a quelque chose d'absolu dans
la doctrine positiviste et que le vulgaire tout court et même
le vulgaire des savants n'a désormais rien de mieux à faire
que de s'incliner devant « l'irrésistible prépondérance » du
positivisme : et tout au plus leur permet-il, « sous les con-
ditions intellectuelles convenables », de vérifier la liaison
des conséquences à quelques « règles fondamentales uni-
formément acceptées. » Qui donc formulera ces règles fondamentales? Dans la science, le savant, soit ; mais en politique
la raison universelle, dont le législateur de 89 ne fait que
traduire les arrêts. Aug. Comte a même singulièrement com-
promis sa thèse en admirant la « terrible énergie » de la
Convention en vue d'obtenir « l'assentiment général, volontaire ou forcé, aux dogmes essentiels de la philosophie révolutionnaire, alors regardée comme la seule base possible
de l'ordre social, et, par cela même, au-dessus de toute discussion radicale ». La Constituante n'a jamais dit : Liberté,
égalité, fraternité ou la mort !

La négation du libre examen entraîne nécessairement la

négation de l'égalité, dogme « anarchique ». En quoi anarchique? Est-ce que nos pères ont prétendu saper à la base toute hiérarchie sociale? Nullement, puisque dans le même article qui affirme que les hommes sont « libres et égaux en droits », il est question de « distinctions sociales fondées sur l'utilité commune », sortes d'aristocraties éphémères qui durent autant que dure leur utilité. Aug. Comte semble même regretter sa propre exagération quand il réclame envers tous les hommes « le scrupuleux accomplissement continu des égards généraux inhérents à la dignité d'hommes ». Cette périphrase ne désigne-t-elle pas l'égalité, dans le plus pur esprit de la doctrine de 89?

Quant à la souveraineté du peuple, il a tort encore d'y voir simplement « le transfert aux peuples du droit divin tant reproché aux rois », tort également d'y découvrir un nouveau dogme anarchique, « s'opposant à toute institution régulière en condamnant indéfiniment tous les supérieurs à une arbitraire dépendance envers la multitude de leurs inférieurs ». Rien de plus équivoque que ces mots de supérieurs et d'inférieurs : nous sommes tous égaux devant le commun maitre qui est la raison, et c'est bien ainsi que l'entendait Descartes, quand il faisait l'apologie du bon sens. A la souveraineté de la raison, symbolisée par le concours des raisons individuelles, Comte substitue la souveraineté impersonnelle de la science et croit réaliser un grand progrès. Mais la science n'existe que dans l'esprit des savants, et les savants ont aussi leurs défaillances, leurs ignorances et leurs passions. Les savants sont peuple. S'ils veulent s'ériger en interprètes uniques et infaillibles de la vérité, ils deviendront des prêtres, des pontifes, ils tiendront des conciles et formuleront un *credo*. C'est pour eux-mêmes un grand danger. On a déjà entendu ce mot : « La République n'a pas besoin de savants! » Ce fut, dit-on, l'arrêt de mort de Lavoisier. La *pédantocratie* (le mot est de Stuart Mill), les savants fussent-

fils des athées, apparaîtrait vite au peuple comme un succé-
dané ou une forme plus moderne de la *théocratie*. N'est-ce
pas Aug. Comte qui a déclaré, avec sa profondeur ordinaire,
que l'athée est le plus rétrograde et le plus intolérant des
théologiens?

De savant à ignorant, que la raison et la liberté continuent
donc, comme le voulaient nos pères, à se saluer d'homme
à homme : c'est le plus sûr et c'est la dignité de tous. Pourtant, ne soyons pas trop sévères à Aug. Comte. Voici sa pensée de derrière la tête : la science faite et parfaite clôrait
toute discussion, parce qu'elle rendrait toute discussion inutile et sans objet, comme il arrive quand je suis convaincu et
partant vaincu par une démonstration mathématique. Mais
d'abord la science ne plane pas en l'air comme un météore :
elle n'existe que dans l'esprit des savants, et les savants
ont, avons-nous dit, leurs défaillances, leurs petitesses et
leurs passions. Puis, cette science parfaite, c'est un idéal,
une utopie, un rêve, une terre promise où pas un de nous
ne mettra le pied. Tout cela, c'est donc un beau songe de
philosophe. Platon l'avait déjà fait et le racontait en sou-
riant ; Comte met dans son récit plus de véhémence et moins
de grâce ; il ne veut pas convenir que c'est un songe. Quand
le philosophe éteint la lampe qui a éclairé son labeur, c'est
que le soleil s'est levé : telle s'éclipserait et deviendrait inutile la Déclaration devant la science parfaite, telle aussi la
justice même devant la complète fraternité. N'éteignons pas
notre lampe longtemps avant cette aurore, et ne cessons
pas d'élever dans nos âmes un autel à la justice et au droit,
sous prétexte que la justice n'est rien quand on la compare
à la fraternité, et que le droit lui-même abdique devant l'a-
mour.

CHAPITRE IV

LES DROITS ET LES INTÉRÊTS

Si le *principe* même de la Déclaration est justifié, que faut-il penser maintenant de la *méthode* suivie par le législateur de 89? Le philosophe anglais Jérémie Bentham nous assure que cette méthode est détestable : au lieu de procéder par principes et par déductions, il fallait, selon lui, observer et induire. « Ce n'est qu'après avoir réglé et comparé entre elles les lois en détail, que les lois fondamentales pouvaient être formulées et servir à quelque chose. La véritable méthode pour formuler une proposition générale, consiste à prendre un certain nombre de propositions particulières, à trouver les points où elles s'accordent, et, ces points trouvés, à s'élever à une proposition plus étendue qui les renferme toutes[1]. » Bentham raisonne en citoyen anglais : assurément, si les lois contiennent déjà les libertés, en les généralisant, en les sublimant, pour ainsi dire, on en extraira la liberté; mais dans le cas contraire on n'en extraira que ce qu'elles contiennent, c'est-à-dire l'esclavage. Et la question de méthode est étroitement connexe avec la question de principe : J. Bentham faisait, en effet, dériver

1. J. BENTHAM, *Sophismes parlementaires*, 6ᵉ partie.

tous les droits individuels d'une concession de l'État, d'où il résulte évidemment que c'est l'ensemble de ces concessions qui constitue toute la réalité des droits de l'homme et du citoyen. Un philosophe anglais plus pénétrant, H. Spencer, démontre que c'est là une véritable pétition de principe, un cercle vicieux parfaitement caractérisé. Qui donc, d'après Bentham, crée le gouvernement? Le peuple. Le gouvernement, émané du peuple, crée donc des droits, et ces droits, il les confère aux individus, c'est-à-dire aux membres du peuple souverain qui l'a créé lui-même! Qu'on dise que les gouvernements définissent et sanctionnent les droits, soit : mais les droits préexistaient dans les individus, et l'impitoyable critique de Bentham contre la Déclaration a beau s'acharner et contre les idées et contre les mots eux-mêmes, elle s'écroule par le seul fait de ce cercle vicieux fondamental. Son empirisme est aussi stérile pour le fond qu'il est violent pour la forme.

Bentham est le théoricien de la morale de l'intérêt : sa sévérité n'a pas d'autre origine ni d'autre explication. Le droit est, en effet, non pas antérieur, mais supérieur à l'intérêt, quoique, pour qui admet le droit, le suprême intérêt soit de le faire respecter. Quel plus grand intérêt pouvons-nous avoir que de développer librement notre personnalité ou de devenir, sous la protection du droit et des lois, tout ce que nous pouvons être? Ces maximes : le salut du peuple est la loi suprême; le but de tout gouvernement est d'assurer le bonheur commun, peuvent assurément recevoir un sens très acceptable. On peut dissocier de cette idée d'intérêt tout ce qu'elle offre parfois de bas et de sordide. Les philosophes anglais ont fait tous leurs efforts pour y réussir. Et même cette doctrine de l'intérêt bien entendu, poussée jusqu'à ses dernières limites par un Stuart Mill, se confond *pratiquement* avec la doctrine du droit; mais si je souligne ce mot *pratiquement*, c'est qu'aux yeux de la conscience

et de la raison il est bien différent de respecter l'homme
à cause de sa valeur propre, ou de s'abstenir simplement
de nuire, d'être même bienfaisant, par intérêt et par calcul.

D'abord il n'est pas toujours facile de comprendre l'harmonie des intérêts, tandis que toute conscience saisit immédiatement ce qu'il y a d'universel et de *sacré* (Bentham

DES BARRIÈRES DÉLIVREZ-NOUS, SEIGNEUR!

raille ce mot) dans le droit. Si mon intérêt s'oppose à
votre intérêt, qui jugera entre nous? On nous sommera
de sacrifier notre intérêt personnel à l'intérêt général, et
on élèvera ainsi le système bien au-dessus de l'égoïsme;
mais si l'on comprend qu'il faille sacrifier un intérêt à un
droit, il n'est pas facile de prouver en toute occasion qu'il
soit obligatoire de sacrifier un intérêt bien ou mal entendu
à un intérêt même général : le soldat qui se fait tuer pour
sa patrie sait qu'il se sacrifice à ses *intérêts,* mais il sait
aussi qu'elle a le *droit* d'exiger ce sacrifice ; ôtez-lui cette

dernière conviction, vous lui prouverez difficilement qu'il est dans l'obligation de se faire tuer. Il ne suffira pas de répéter, avec Marc-Aurèle, que ce qui est utile à la ruche est utile à l'abeille : la première utilité c'est de vivre, et l'utilité bien entendue commence et peut-être finit souvent à soi-même.

« Avoir un droit, dit Stuart Mill, c'est avoir quelque chose dont la société doit me garantir la possession ; demande-t-on après cela pourquoi la société le *doit*, je ne puis donner d'autre raison que l'utilité générale[1]. » Aussi Bentham taxait-il de « sophismes anarchiques » la Déclaration des droits de l'homme, que Burke avait appelée « une mine préparée pour faire sauter tous les gouvernements ». Pourtant, doit-on répondre à Stuart Mill, il répugne de croire que l'utilité générale puisse consister à créer et à défendre une fiction. Que la société ait un immense intérêt à garantir les droits, que même, en les garantissant, elle se préoccupe uniquement de son intérêt et laisse de côté toute considération purement morale, je l'accorde sans peine : mais garantir n'est pas créer, et je me demande, non sans crainte, ce que deviendrait ma liberté de conscience le jour où un gouvernement trouverait son intérêt (ou un intérêt général, il est si aisé de passer d'une de ces idées à l'autre) à limiter ou à supprimer cette liberté.

Les idées générales sont en même temps généreuses. En France nous voulons la liberté de conscience non pour son utilité simplement, mais parce que c'est un droit inhérent à notre nature, et nous la voulons pour tous, avec cette arrière-pensée que le respect du droit d'autrui c'est, après tout, l'utilité suprême. Oui, nous avons notre « pensée de derrière la tête », pour parler comme Pascal ; le Français n'est ni rêveur ni mystique, il ne croit pas sacrifier ses inté-

---

1. *Utilitarianism.*

rêts en défendant ses droits; élevez-vous, par un effort de pensée jusqu'à cette manière de voir, et vous jugerez avec certitude que les droits sont précisément ce qu'il y a de général et de permanent dans les intérêts. Il y a donc, pourrait-on dire, tout intérêt à substituer à l'idée d'intérêt celle de droit : au nom du droit on peut exiger, ordonner; au nom de l'intérêt on ne peut que conseiller, exhorter. Quelle est celle de ces deux doctrines qui mériterait le nom d'anarchique?

Stuart Mill raille la définition que Montesquieu donne des lois, *les rapports nécessaires qui dérivent de la nature des choses : « Je suis, dit-il, d'une indifférence absolue sur les *rapports*...; les plaisirs et les peines, voilà ce qui m'intéresse... Pesez les peines, pesez les plaisirs, et selon que les bassins de la balance inclineront de l'un ou de l'autre côté, la question du tort et du droit devra être décidée. » Stuart Mill oublie qu'on a toujours assez de courage pour supporter les maux d'autrui, que le moindre plaisir de l'égoïste fera pencher la balance de son côté, quand même l'autre plateau plierait sous le poids des douleurs des autres. Stuart Mill, d'ailleurs, se contredit lui-même, comme l'a remarqué M. A. Fouillée, quand il dit, par exemple, que la propriété, fruit du travail, doit être respectée *absolument* (il devrait dire « s'il est utile à l'État »), et que le droit à une compensation est *inaliénable* (un mot qu'il devrait s'interdire). Il parle encore de droits *sacrés*, de droits *moraux* qui appartiennent aux hommes *en tant que créatures humaines*, et il n'en faut pas davantage pour justifier entièrement la Déclaration.

S'élever à la notion d'un intérêt désintéressé, c'est la tendance des philosophes anglais; mais le problème est insoluble, parce qu'il est contradictoire dans les termes. En me désintéressant je me fais encore un intérêt de votre intérêt, je fais volontairement de votre bien mon bien, mais par bonté d'âme et générosité, non parce que l'organisation

sociale me le commande : faire sortir de l'égoïsme la sym-
pathie, et des calculs de l'intérêt le renoncement à ses intérêts propres, c'est une utopie que l'on raillerait impitoya-
blement chez un Français. Le peuple, d'ailleurs, n'entend
rien à ces subtilités : le peuple français est presque toujours
généreux, et le peuple anglais souvent égoïste; c'est pour
avoir trop bien su calculer ses intérêts qu'il a rendu pro-
verbial le mot de *perfide Albion*, tandis que nos ennemis les
plus haineux n'auront jamais la pensée de dire « perfide
France ». Par malheur, nous avons les défauts de nos qualités, et il nous est arrivé trop souvent de faire la guerre
pour une idée et d'émanciper les peuples en dépit d'eux-
mêmes et au rebours de nos intérêts. Nous n'avons fait que
des ingrats ou même des ennemis qui ne nous pardonneront
jamais nos bienfaits : continuons donc à être les héros du
droit, — le moyen âge disait les soldats de Dieu, — mais
cessons d'en être les Don Quichottes. Il y a plus à prendre
qu'à reprendre dans les théories anglaises que nous venons
d'examiner : devenons calculateurs. Nous sommes si peu
enclins à l'égoïsme que le fondateur même du positivisme,
Aug. Comte, a résumé toute sa morale par cette parole bien
française : *vivre pour autrui*. Les principes généreux de
1789 ont toujours été gravés dans la conscience nationale,
ou plutôt ils y sont emmaganisés comme la chaleur du soleil dans la houille et dans le diamant.

J.-J. Rousseau, qui a si profondément creusé le problème
du droit qu'il semble avoir prévu et réfuté par anticipation
la plupart des objections qui ont été élevées depuis contre
la théorie toute française de l'antériorité et de la supériorité des droits sur les intérêts, nous fournit une brillante
réfutation de la théorie de Stuart Mill. « Il est faux, dit-il[1],
que la raison nous porte à concourir au bien commun par la

---

1. Texte primitif du *Contrat social*, publié par M. Alexeieff (Moscou, 1887),
p. VIII (p. 6 du manuscrit).

seule vue de notre propre intérêt. Loin que l'intérêt particulier soit toujours d'accord avec le bien général, ils s'ex-
cluent souvent l'un l'autre. Les lois sociales sont un joug :
chacun veut bien l'imposer aux autres, mais non pas s'en
charger lui-même. » Il développe cette idée dans une page
pleine de bon sens que nous lui empruntons : « Je sens que
je porte l'épouvante et le trouble au milieu de l'espèce humaine, dit l'homme indépendant que le sage étouffe, mais
il faut que je sois malheureux, ou que je fasse le malheur
des autres, et personne ne m'est plus cher que moi. C'est
vainement, pourra-t-il ajouter, que je voudrais concilier mon
intérêt avec celui d'autrui; tout ce que vous me dites des
avantages de la loi sociale pourrait être bon, si, tandis que je
l'observerais scrupuleusement envers les autres, j'étais sûr
qu'ils l'observeraient tous envers moi; mais quelle sûreté
pouvez-vous me donner là-dessus, et ma situation peut-elle
être pire que de me voir exposé à tous les maux que les
plus forts voudront me faire, sans oser me dédommager sur
les faibles? Ou donnez-moi des garanties contre toute
entreprise injuste, ou n'espérez pas que je m'en abstienne
à mon tour. Vous avez beau me dire qu'en renonçant aux
devoirs que m'impose la loi naturelle, je me prive en
même temps de ses droits et que mes violences autoriseront
toutes celles dont on voudra user envers moi. J'y consens
d'autant plus volontiers que je ne vois point comment ma
modération pourrait m'en garantir. Au surplus, ce sera mon
affaire de mettre les forts dans mes intérêts, en partageant
avec eux les dépouilles des faibles; cela vaudra mieux que
la justice pour mon avantage et pour ma sûreté. » J.-J. Rousseau ajoute qu'il est si vrai que l'homme éclairé et indépendant raisonnera ainsi, que c'est ainsi que raisonne toute
société souveraine qui ne rend compte de sa conduite qu'à
elle-même. Les relations internationales nous donnent le
spectacle de l'accord des intérêts : cet accord prétendu se

traduit par des armements écrasants, des guerres ruineuses et sanglantes. La paix perpétuelle est un rêve du bon abbé de Saint-Pierre qui n'est pas près de se réaliser : c'est la guerre perpétuelle qui paraît être l'état de notre siècle et de l'Europe. Qu'on juge par là de l'état d'une société où régnerait cette idée que le seul lien qui unit entre eux les citoyens est l'intérêt bien entendu : ce serait la guerre de tous contre tous. L'intérêt divise, le droit seul unit et réconcilie. La volonté générale n'est pas un savant calcul d'intérêts, c'est, dit excellemment J.-J. Rousseau, « un acte pur de l'entendement qui raisonne dans le silence des passions sur ce que l'homme peut exiger de son semblable ou sur ce que son semblable est en droit d'exiger de lui[1] ». Dire que l'intérêt peut s'affranchir de la passion, c'est se payer de mots et en détruire l'idée, car l'intérêt ne se conçoit que comme la satisfaction d'une passion légitime ou illégitime. Voir la liaison qui unit ma passion et mon intérêt avec l'intérêt général, c'est le triomphe de l'art d'abstraire et de généraliser : peu d'hommes en sont capables, et supposer qu'une pareille manière de raisonner soit familière à tous les hommes, ce n'est rien moins qu'une fiction et qu'une chimère. Encore une fois, c'est nous imposer la conception transcendante, pour ne pas dire contradictoire, d'un intérêt désintéressé, et vouloir à toute force faire sortir de l'égoïsme l'abnégation, par une opération inconcevable d'alchimie sociale.

1. Texte primitif du *Contrat social*, p. xi (p. 8 du manuscrit).

CHAPITRE V

LE DROIT ET LA FORCE

« Que m'importe le droit? Je n'en ai pas besoin. Ce que je puis acquérir par la force, je le possède et j'en jouis. Ce dont je ne puis m'emparer, j'y renonce, et je ne vais pas, en manière de consolation, me pavaner avec mon prétendu droit, mon droit imprescriptible[1]. » A ce ton, vous avez d'abord reconnu un Allemand. C'est un beau pendant aux discussions de la Constituante sur les droits de l'homme que la séance du parlement prussien où M. de Bismarck prononça la mémorable formule des libertés germaniques : « La force prime le droit. » Ce fut dans la séance du 27 janvier 1863 : M. de Bismarck demandait des subsides, bien décidé à les prendre de force si on ne les accordait pas de bonne volonté. « Celui qui a la force en main, dit-il, continue d'avancer dans le sens qui est le sien, parce que la vie de l'État ne peut s'arrêter un instant. » Le comte de Schwerin traduisit immédiatement cette théorie par l'axiome : la force prime le droit; mais M. de Bismarck, qui ne se souciait pas de

1. Max Stirner, *Der Einsige und sein Eigenthum*, p. 275 (cité par M. Fouillée). Nous devons beaucoup, pour ces derniers chapitres, au beau livre de M. Fouillée sur l'*Idée moderne du droit*, et nous y renvoyons le lecteur désireux de connaître une ample et éloquente discussion des principes du droit.

parler si clairement, prétendit, *malgré les marques d'incrédulité de l'assemblée*, ne s'être pas servi de cette expression. Il avait bien tort de la retirer furtivement : c'est la formule exacte de la pensée prussienne et la doctrine officielle des Universités. On en nourrit la jeunesse, et si parfois on l'enveloppe dans des phrases, si on la déguise de

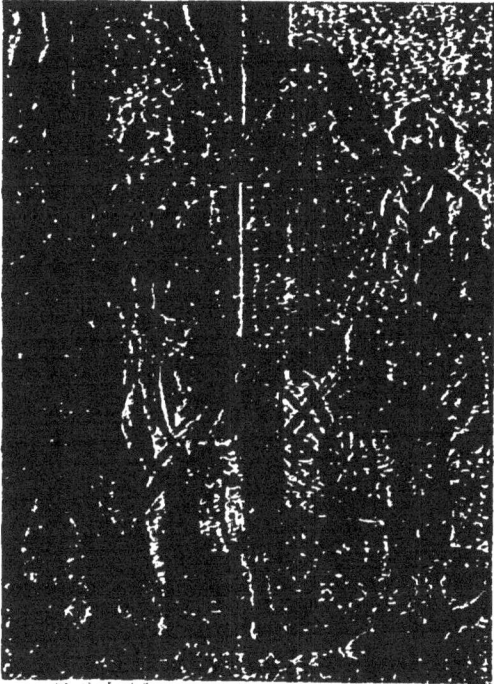

DE LA MILICE, DÉLIVREZ-NOUS, SEIGNEUR!

paraphrases et de périphrases, il n'est jamais difficile d'arracher ces voiles hypocrites. On cache encore quelquefois sous le pieux manteau de Tartuffe son armure de fer, mais on se trahit dès le premier pas. Du Dieu des armées, on a fait moins un allié qu'un complice, et c'est à ce titre qu'on l'invoque.

C'est à l'obscure philosophie de Hégel qu'il faut faire remonter l'origine de cette conception, digne des siècles de barbarie, et pourtant très subtile, qui peut se résumer ainsi :

le peuple le plus fort a tous les droits, en vertu même de sa force, parce que sa puissance vient de ce qu'il représente la civilisation à son plus haut degré de développement. Il a donc une mission providentielle, qui est de réaliser dans le monde ce que Hégel appelle l'*Idée*, nom raffiné du progrès, de la civilisation, et ce que d'autres nomment encore la

DES SUPPÔTS DE LA CHICANE, DÉLIVREZ-NOUS, SEIGNEUR!

volonté divine. La preuve de sa mission, c'est le succès. Les vaincus ont toujours tort, et ils ne sont vaincus que parce qu'ils se sont trouvés à un moment donné en arrière de leur temps, au-dessous du degré de civilisation de leurs voisins. V. Cousin commit la faute, à son retour d'Allemagne, d'enseigner cette théorie dans une chaire française et de l'appliquer indifféremment aux grands hommes, aux grands peuples, à tout succès, à toute victoire. Le grand homme, disait-il, a tous les droits, et « quiconque ne réussit pas n'est d'aucune utilité au monde et passe comme s'il n'avait jamais été ». C'est pourquoi l'admiration populaire, la gloire, qui est le jugement de l'humanité, s'attache surtout aux guerriers : toute victoire a raison. César a vaincu, donc il représentait l'esprit nouveau et le progrès.

Voilà quelques-unes des idées que la jeunesse française, un instant égarée, applaudissait vers 1828. Voilà les vues que l'auteur de la *Vie de César,* disciple de Mommsen, développait avec complaisance en attendant que, César providentiel, il fût dupé et battu par un autre César providentiel. Ces brutalités révoltantes de la pensée irritent notre conscience plus encore que la brutalité des faits : la violence du moins nous écrase sans phrases. On comprend que la pensée allemande se soit réfugiée dans le plus sombre pessimisme. Là encore, poursuivie par son rêve sauvage, c'est l'idée de violence et de destruction qui la hante comme un cauchemar : M. de Hartmann appelle de ses vœux le jour où les moyens de destruction seront assez perfectionnés pour faire voler en éclats notre planète, et la pensée qui gâte un peu la joie désespérée de cet étrange missionnaire de la civilisation, c'est qu'il y a d'autres planètes où peut-être la vie continuerait. C'est le mot du tyran romain élevé à la hauteur d'un système : « Plût à Dieu que le genre humain n'eût qu'une seule tête, pour l'abattre d'un seul coup! » Aux chants de victoire se sont mêlés, au grand étonnement de ceux qui ne réfléchissent pas, les sourds murmures des mécontents et les lugubres plaintes du pessimisme : la conscience réclamera ses droits, même en Allemagne.

On ne réfute pas celui qui vous tient à la gorge et proclame le droit du plus fort en vous écrasant la poitrine de son genou. Il faut attendre l'heure où le droit à son tour sera le plus fort; les victoires de la force ne sont point définitives. Ce n'est pas d'ailleurs l'esprit libéral de la Révolution qui a été vaincu chez nous, car nos défaites sont d'un

LA PARTIE D'ÉCHECS DES TROIS ORDRES

temps où nous avions renié la Révolution et plié ses principes sous l'autorité d'un César. Laissons toutefois dans le
religieux silence qui leur convient les choses auxquelles il
faut penser toujours sans en parler jamais. J.-J. Rousseau
nous fournit en deux mots une réfutation du système de la
force qu'il serait difficile de dépasser en netteté et en précision : « Le plus fort, dit-il, n'est jamais assez fort pour
être toujours le maître, s'il ne transforme sa force en droit
et l'obéissance en devoir... Céder à la force est un acte de
nécessité, non de volonté; c'est tout au plus un acte de
prudence. En quel sens pourra-ce être un devoir[1]? » C'est
parce que les Allemands ont le culte de la force qu'ils affectent de faire tant de cas du droit traditionnel, presque toujours fondé sur l'usurpation. Comme d'ailleurs ses origines
se perdent dans la nuit des temps et dans l'obscurité des archives, ils trouvent toujours quelque érudit de bonne volonté
qui met à leur service sa science et sa conscience. « Un
jour viendra, disait H. Heine, où on vous reprochera Con-
radin tué par le duc d'Anjou et où on vengera sa mort. »
Heine avait raison : chez ce peuple ce n'est pas le droit,
c'est la haine qui est inaliénable et imprescriptible.

Nous avons aussi nos traditions : depuis un siècle, le droit
national proclamé par la Constituante est devenu notre droit
historique, et il ne s'est pas simplement attaché, mais
incorporé à notre esprit public, parce qu'il était précisément l'œuvre et comme la résultante de notre génie naturel.
M. A. Fouillée rappelle que tous les historiens s'accordent
à attribuer aux Gaulois, nos ancêtres, un instinct de justice
et de fraternité. Strabon déclare qu'ils prenaient volontiers
en main la cause de ceux qui subissent une injustice, celle
du faible et de l'opprimé, et César nous apprend qu'ils se
gardaient bien de confondre le droit et les lois, *jus et leges* :

---

1. *Du Contrat social*, livre Ier, chap. III.

dans cette distinction si ancienne, comme on le voit, sur notre sol, se trouve contenu l'esprit même de la Déclaration. A quoi bon démontrer, en parcourant l'histoire de France, que notre pays est la terre classique du désintéressement, de l'héroïsme mis au service du droit? Personne, du moins, ne nous conteste cette gloire, et ceux mêmes qui traitent de chimères notre générosité, notre enthousiasme pour les grandes idées et pour les nobles causes, ne peuvent s'empêcher de s'incliner et d'admirer. La France est le soldat du droit, et c'est sa vraie mission civilisatrice d'assurer son triomphe définitif : par ce signe, elle vaincra. « Si l'on voulait entasser, dit Michelet, ce que chaque nation a dépensé de sang et d'or et d'efforts de toute sorte pour les choses désintéressées qui ne devaient profiter qu'au monde, la pyramide de la France irait montant jusqu'au ciel, et la vôtre, ô nations, toutes tant que vous êtes, l'entassement de vos sacrifices irait au genou d'un enfant[1]. » Il convient de terminer ces études sur cette belle parole.

H. de Sybel, malgré sa haine contre la France et la Révolution, avoue que la Déclaration est la source et le cours d'un torrent dont les flots ne tariront plus dans la vie politique des États européens. Ce n'est pas un torrent dévastateur, c'est un fleuve majestueux et puissant. Quand Michelet nous décrit le Rhône, il nous transporte d'abord au pied du mont Blanc, « château d'eau de l'Europe », et nous fait assister à la lutte des vents qui se brisent contre la puissante masse. L'ardent vent du midi, le « fœhn », fond les glaciers et grossit les torrents : bientôt le fleuve coule à travers les plaines qu'il fertilise, s'enrichit d'affluents, et devient assez large pour arrêter une armée, pour porter une flotte. Un autre procède autrement, non en poète, mais en chimiste : il prend une éprouvette et va puiser dans le

1. *Le Peuple*, p. 7.

fleuve, non pas à l'endroit où son flot conserve encore la
couleur des glaciers qui l'ont formé, mais au point précis
où, fangeux et troublé, il reçoit les résidus des teintureries
et des égouts de Lyon; il analyse ce verre d'eau en chimiste consommé et s'écrie : « Voilà le Rhône ! » Ni poëte ni
chimiste, nous avons dû nous contenter de suivre, d'explorer
les bords du fleuve à partir de sa source : toute notre tâche
se réduisait donc à regarder et à réfléchir.

MIRABEAU (COSTUME DU TIERS ÉTAT)

APPENDICE

DÉCLARATION DE 1793

Le peuple français, convaincu que l'oubli et le mépris des droits naturels de l'homme sont les seules causes des malheurs du monde, a résolu d'exposer dans une Déclaration solennelle ces droits sacrés et inaliénables, afin que les citoyens, pouvant comparer sans cesse les actes du gouvernement avec le but de toute institution sociale, ne se laissent jamais opprimer et avilir par la tyrannie, afin que le peuple ait toujours devant les yeux les bases de sa liberté et de son bonheur, le magistrat la règle de ses devoirs, le législateur l'objet de sa mission.

Article premier. — Le but de la société est le bonheur commun. Le gouvernement est institué pour garantir à l'homme la jouissance de ses droits naturels et imprescriptibles.

Art. 2. — Ces droits sont : l'égalité, la liberté, la sûreté, la propriété.

Art. 3. — Tous les hommes sont égaux par la nature et devant la loi.

Art. 4. — La loi est l'expression libre et solennelle de la volonté générale. Elle est la même pour tous, soit qu'elle protège, soit qu'elle punisse; elle ne peut ordonner que ce qui est juste et utile à la société; elle ne peut défendre que ce qui lui est nuisible.

Art. 5. — Tous les citoyens sont également admissibles aux emplois publics. Les peuples libres ne reconnaissent d'autres motifs de préférence dans leurs élections que les vertus et les talents.

Art. 6. — La liberté est le pouvoir qui appartient à l'homme de faire tout ce qui ne nuit pas aux droits d'autrui; elle a pour principe la nature; pour règle, la justice; pour sauvegarde, la loi; sa limite morale est donc cette maxime : *Ne fais pas à autrui ce que tu ne veux pas qu'il te soit fait.*

Art. 7. — Le droit de manifester ses pensées, ses opinions, soit par la voie de la presse, soit de toute autre manière, le droit de s'assembler paisiblement, le libre exercice des cultes, ne peuvent être interdits.

Art. 8. — La sûreté consiste dans la protection accordée par la société à chacun de ses membres pour la conservation de sa personne, de ses droits et de ses propriétés.

Art. 9. — La loi doit protéger la liberté publique et individuelle contre l'oppression de ceux qui gouvernent.

Art. 10. — Nul ne doit être accusé, arrêté ni détenu que dans les cas déterminés par la loi et selon les formes qu'elle a prescrites; tout citoyen appelé ou saisi par l'autorité de la loi doit obéir à l'instant; il se rend coupable par la résistance .

Art. 11. — Tout acte exercé contre un homme hors des cas et sous les formes que la loi détermine, est arbitraire et tyrannique; celui contre lequel on voudrait l'exercer par la violence a le droit de le repousser par la force.

Art. 12. — Ceux qui solliciteraient, expédieraient, signeraient, exécuteraient ou feraient exécuter des actes arbitraires, sont cou - pables et doivent être punis.

Art. 13. — Tout homme étant présumé innocent jusqu'à ce qu'il ait été déclaré coupable, s'il est indispensable de l'arrêter, toute rigueur qui ne serait pas nécessaire pour s'assurer de sa personne doit être sévèrement réprimée par la loi.

Art. 14. — Nul ne doit être jugé ou puni qu'après avoir été entendu ou légalement appelé, et qu'en vertu d'une loi promulguée antérieurement au délit. La loi qui punirait des délits commis avant qu'elle existât serait une tyrannie, l'effet rétroactif donné à la loi serait un crime.

Art. 15. — La loi ne doit décerner que des peines strictement et évidemment nécessaires; les peines doivent être proportionnées au délit et utiles à la société.

Art. 16. — Le droit de propriété est celui qui appartient à tout citoyen de jouir à son gré de ses biens et de ses revenus, du fruit de son travail et de son industrie.

Art. 17. — Nul genre de travail, de culture, de commerce ne peut être interdit à l'industrie des citoyens.

Art. 18. — Tout homme peut engager ses services, son temps, mais il ne peut se vendre ni être vendu; sa personne n'est pas une propriété aliénable. La loi ne connaît pas de domesticité; il ne peut exister qu'un engagement de soins et de reconnaissance entre l'homme qui travaille et celui qui l'emploie.

Art. 19. — Nul ne peut être privé de la moindre portion de sa propriété sans son consentement, si ce n'est lorsque la nécessité publique légalement constatée l'exige et sous la condition d'une juste et préalable indemnité.

Art. 20. — Nulle contribution ne peut être établie que pour l'utilité générale. Tous les citoyens ont droit de concourir à l'établissement des contributions, d'en surveiller l'emploi et de s'en faire rendre compte.

Art. 21. — Les secours publics sont une dette sacrée. La société doit la subsistance aux citoyens malheureux, soit en leur procurant du travail, soit en assurant les moyens d'exister à ceux qui sont hors d'état de travailler.

Art. 22. — L'instruction est le besoin de tous. La société doit favoriser de tout son pouvoir les progrès de la raison publique, et mettre l'instruction à la portée de tous les citoyens.

Art. 23. — La garantie sociale consiste dans l'action de tous pour assurer à chacun la jouissance et la conservation de ses droits; cette garantie repose sur la souveraineté nationale.

Art. 24. — Elle ne peut exister si les limites des fonctions publiques ne sont pas clairement déterminées par la loi, et si la responsabilité de tous les fonctionnaires n'est pas assurée.

Art. 25. — La souveraineté réside dans le peuple; elle est une et indivisible, imprescriptible et inaliénable.

Art. 26. — Aucune portion du peuple ne peut exercer la puissance du peuple entier; mais chaque section du souverain assemblé doit jouir du droit d'exprimer sa volonté avec une entière liberté.

Art. 27. — Que tout homme qui usurperait la souveraineté soit à l'instant mis à mort par les hommes libres.

Art. 28. — Un peuple a toujours le droit de revoir, de réformer et de changer sa constitution. Une génération ne peut assujettir à ses lois les générations futures.

Art. 29. — Chaque citoyen a un droit égal de concourir à la formation de la loi et à la nomination de ses mandataires ou de ses agents.

Art. 30. — Les fonctions publiques sont temporaires; elles ne peuvent être considérées comme des distinctions ni comme des récompenses, mais comme des devoirs.

Art. 31. — Les délits des mandataires du peuple et de ses agents ne doivent jamais être impunis. Nul n'a le droit de se prétendre plus inviolable que les autres citoyens.

Art. 32. — Le droit de présenter des pétitions aux dépositaires de l'autorité publique ne peut, en aucun cas, être interdit, suspendu ni limité.

Art. 33. — La résistance à l'oppression est la conséquence des autres droits de l'homme.

Art. 34. — Il y a oppression contre le corps social lorsqu'un seul de ses membres est opprimé; il y a oppression contre chaque membre lorsque le corps social est opprimé.

Art. 35. — Quand le gouvernement viole les droits du peuple, l'insurrection est, pour le peuple et pour chaque partie du peuple, le plus sacré et le plus indispensable des devoirs.

FIN

TABLE DES MATIÈRES

SOCIÉTÉ ANONYME D'IMPRIMERIE DE VILLEFRANCHE-DE-ROUERGUE
Jules Bardoux, Directeur.

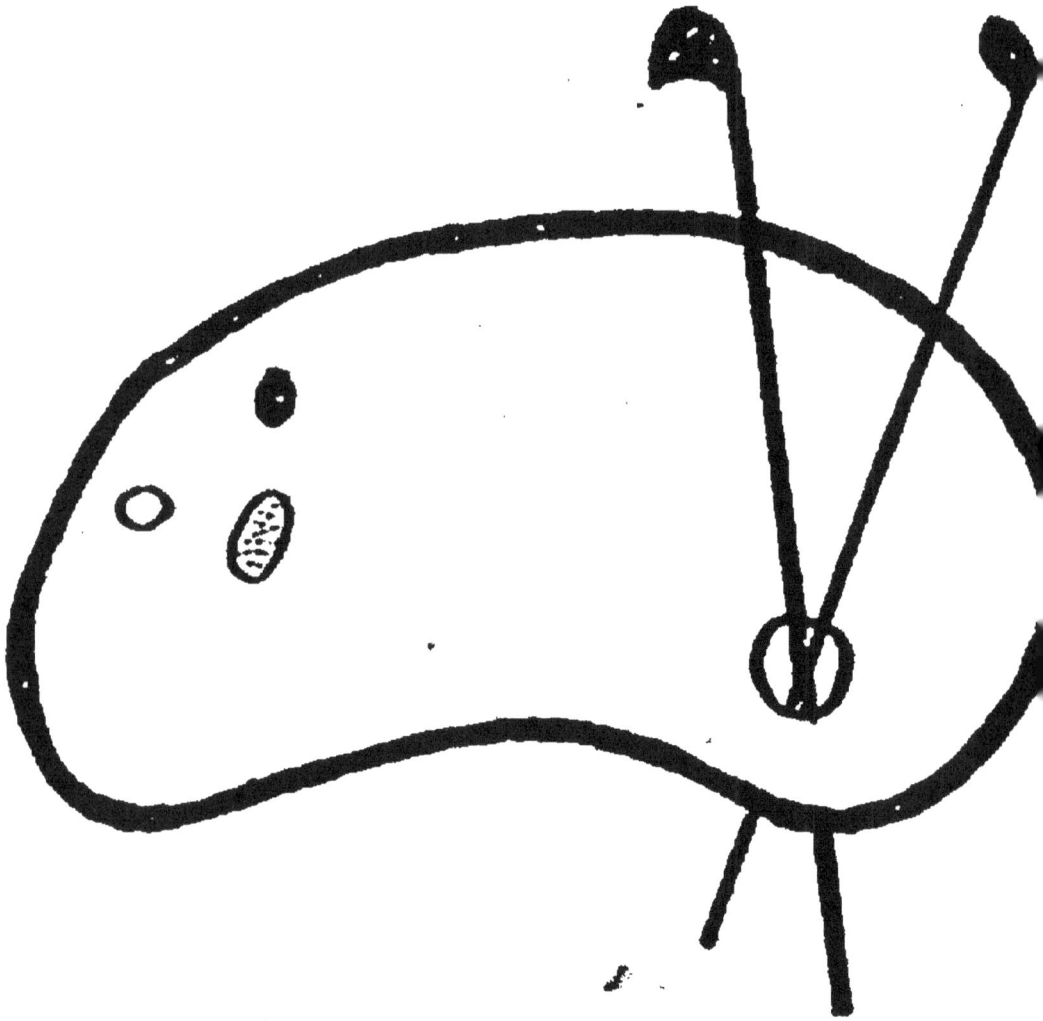

ORIGINAL EN COULEUR
NF Z 43-120-8

www.ingramcontent.com/pod-product-compliance
Lightning Source LLC
Chambersburg PA
CBHW072240270326

41930CB00010B/2209